한자의 어원으로 쉽고 재미있게 풀어가는

중국어는 섹시해
色 視 解

초판발행	2017년 3월 1일
초판 4쇄	2021년 6월 20일
저자	김미숙
책임 편집	최미진, 가석빈, 高霞
펴낸이	엄태상
디자인	진지화
콘텐츠 제작	김선웅, 김현이, 유일환
마케팅	이승욱, 전한나, 왕성석, 노원준, 조인선, 조성민
경영기획	마정인, 조성근, 최성훈, 정다운, 김다미, 오희연
물류	정종진, 윤덕현, 양희은, 신승진
펴낸곳	시사중국어사(시사북스)
주소	서울시 종로구 자하문로 300 시사빌딩
주문 및 교재문의	1588-1582
팩스	0502-989-9592
홈페이지	http://www.sisabooks.com
이메일	book_chinese@sisadream.com
등록일자	1988년 2월 13일
등록번호	제1 - 657호

ISBN 979-11-5720-075-7 13720

* 이 책의 내용을 사전 허가 없이 전재하거나 복제할 경우 법적인 제재를 받게 됨을 알려 드립니다.
* 잘못된 책은 구입하신 서점에서 교환해 드립니다.
* 정가는 표지에 표시되어 있습니다.

머리말

저자는 이 책을 통해 말하고 싶다.
중국어 공부는 어떻게? 몸도 마음도 부비~부비~ 섹시하게 하자!

지금 이 시대가 우리에게 원하는 건 외적으로 표현되는 섹시한 스타일 뿐만 아니라 내적인 면에서도 자기만의 섹시함을 만들어 낼 수 있는 사고력과 창의력이요, 또 형식과 틀에 박힌 사고가 아닌 톡톡! 튀는 발상과 다 똑같아 보이는 듯 하나 미세한 차이를 읽어낼 줄 아는 독특한 인지능력, 무엇이든 내 스타일로 만들어낼 줄 아는 자기만의 독특한 방식일 것이다.

'언어를 공부한다', '중국어를 공부한다'는 것 역시 기존의 진부하고 고리타분한 형식에서 벗어나 좀 더 섹시해질 필요가 있다. 더 이상 무조건 외워야 한다는 '숨 막히는 암기'에 집착하지 말자.

이 책의 가장 큰 특징은 통쾌한 설명으로 빵!빵! 웃으면서 술~술~ 풀어나가는 기억의 연결고리에 초점을 맞추었다는 것이다. 한자를 풀이하는 과정에서 기억의 꼬리를 연결하고 해당 이미지를 연상하게 하여 저절로 외워지게 하는 신개념 이미지 학습법! 이제 이미지의 중요성을 사람이나 장소에만 국한시키지 말자. 중국어 학습에 있어 '이미지'는 아주 중요한 요소이며, 이 교재를 통해 감성 충만한 중국어를 한 몸에 느낄 수 있을 것이다.

마지막으로 이 책은 진도에 부담 없이 중국어를 고급스럽게, 회화를 자유롭게, HSK 합격은 부담 없이 접근할 수 있도록 구성했다. 어느 한 부분이 막혀서 더 이상 앞으로 나아가지 못하고 중간에 책을 덮어버리는 현상이 일어나지 않도록 저자의 오랜 경험을 토대로 구석구석 세심한 배려의 손길로 완성했다.

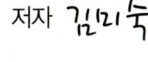

차 례

✔ **기초 다지고 가기** / 009

01	日 (날 일)	/ 016
02	雨 (비 우)	/ 027
03	電=电 (번개 전)	/ 028
04	示=礻 (보일 시)	/ 031
05	糸=糹=纟 (실 사)	/ 036
06	衣=衤 (옷 의)	/ 041
07	表 (겉 표)	/ 045
08	巾 (수건 건)	/ 047
09	門=门 (문 문)	/ 052
10	户 (문 호)	/ 055
11	木 (나무 목)	/ 057
12	禾 (벼 화)	/ 066
13	竹=⺮ (대 죽)	/ 070
14	冊 (책 책)	/ 077
15	扁 (작을 편)	/ 078
16	手=扌 (손 수)	/ 080
17	攵=攴 (칠 복)	/ 093
18	爪=爫 (손톱 조)	/ 097
19	瓜 (오이 과)	/ 102
20	足=⻊ (발 족)	/ 105
21	舛 (어그러질 천)	/ 107
22	彳 (조금 걸을 척)	/ 108
23	辶 (쉬엄쉬엄 갈 착)	/ 110
24	欠 (하품 흠)	/ 116
25	舌 (혀 설)	/ 119
26	耳 (귀 이)	/ 122
27	目 (눈 목)	/ 126
28	見=见 (볼 견)	/ 130
29	月=肉 (달 월, 고기 육)	/ 133
30	力 (힘 력)	/ 142
31	己 (몸 기)	/ 145
32	弓 (활 궁)	/ 148
33	犭=犬 (개 견)	/ 150

34	馬=马 (말 마)	/ 154
35	羊 (양 양)	/ 158
36	牛=牛 (소 우)	/ 161
37	鳥=鸟 (새 조)	/ 165
38	隹 (새 추)	/ 168
39	羽 (깃 우)	/ 170
40	求 (구할 구)	/ 172
41	虫 (벌레 충)	/ 175
42	貝=贝 (조개 패)	/ 177
43	代 (대신 대)	/ 182
44	女 (여자 여)	/ 184
45	文 (글월 문)	/ 189
46	交 (사귈 교)	/ 190
47	食=食=饣 (밥 식)	/ 193
48	包 (쌀 포)	/ 195
49	冫 (이수 변)	/ 198
50	氵=水 (물 수)	/ 200

51	酉 (닭 유)	/ 209
52	谷 (골 곡)	/ 212
53	宀 (집 면)	/ 214
54	穴 (구멍 혈)	/ 219
55	氣=气 (기운 기)	/ 221
56	占 (점칠 점, 점령할 점)	/ 223
57	缶 (장군 부)	/ 228
58	皿 (그릇 명)	/ 231
59	刀=刂 (칼 도)	/ 233
60	戈 (창 과)	/ 239
61	歹=歺 (살 바른 뼈 알)	/ 243
62	尸 (주검 시)	/ 248
63	疒 (병질 엄)	/ 251

✔ 간체자 부수 명칭표 / 256

✔ 색인 / 260

이 책 100% 활용하기

1단계 뇌가 섹시해지는 저자 직강 무료 인터넷 강의 보기!

✔ 유튜브(www.youtube.com)에 접속하여 '중국어는 섹시해' 또는 '김미숙 선생님', '시사중국어사'를 검색한다.

> **YouTube** 중국어는 섹시해 🔍
> 김미숙 선생님
> 시사중국어사

✔ 시사중국어사(www.sisabooks.com)에 접속하여 '중국어는 섹시해' 또는 '김미숙'을 검색한다.

> 시사중국어사 중국어는 섹시해
> 김미숙

✔ 네이버에 접속하여 '롱차이나 중국어' 또는 '김미숙 선생님'을 검색하여 '롱차이나 중국어' 카페에 접속한다.

> **NAVER** 롱차이나 중국어 ▼
> 김미숙 선생님

인터넷이 되는 곳이라면 어디서든! 로그인, 다운로드 없이 바로 볼 수 있다!
꼬리에 꼬리를 무는 이미지 기억 연상법으로 한자를 쉽게 설명해주어 자연스럽게 중국어 단어를 익히게 도와주는 김미숙 선생님의 뇌가 섹시해지는 개성 있는 강의 영상을 즐기세요!

2단계 책을 보며 생각 정리하기!

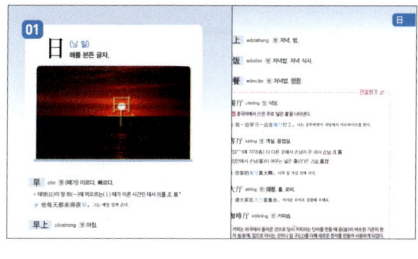

영상에 나왔던 내용을 책을 보면서 정리해보세요!
영상과 책을 같이 활용하면 더욱 좋아요!
쉬운 단어로만 이루어진 짧은 예문까지 익혀보면
중국어 단어 1200여 개가 머리에 쏙쏙!

3단계 쓰기 BOOK으로 한자를 내 것으로 마무리하기!

책으로 정리했다면, 이젠 한자를 직접 쓰면서 내 것으로! 마무리로 한 번씩 써보는 효과는 생각보다 엄청나답니다! 특별부록 〈쓰기 BOOK〉을 활용하여 강의실, 카페, 사무실에서~ 꼼꼼하게 써보며 마지막 정리를 해보세요!

4단계 선생님 궁금해요!

영상과 책으로 열심히 학습하다 아리송하고 궁금한 내용이 생기면, 네이버 카페 김미숙 선생님의 '롱차이나 중국어'를 검색해보세요. 직접 선생님과 이야기할 수도 있고, 선생님의 여러 다양한 컨텐츠도 보고 듣고 학습할 수 있습니다.

NAVER
롱차이나 중국어 ▼

이 책의 특징

> **표제어**
> 어떤 한자들을 모아서 익힐지 표제어를 확인하고 뜻을 미리 알 수 있습니다.

> **단어**
> 표제어를 품고 있는 단어를 꼬리에 꼬리를 무는 이미지 기억 연상법으로 나열해 쉽게 익힐 수 있습니다.

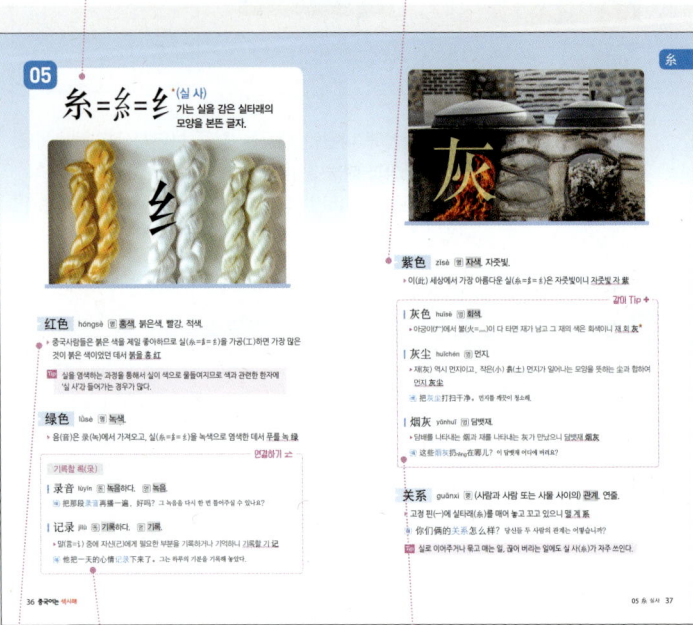

> **연결하기 Tip**
> 제시된 단어와 부수, 발음 등으로 연결하여 익힐 수 있는 단어를 설명합니다.

> **같이 Tip**
> 제시된 단어와 의미상 관련된 단어들을 추가로 보여줍니다. 한자가 어떻게 쓰이는지 명확히 알 수 있습니다.

> **한자 풀이**
> 가려운 곳을 속 시원하게!
> 한자의 기원과 한자의 구성을 알면 한자를 익히기가 더 쉬워집니다.

기초 다지고 가기

중국어(汉语)의 한자란?

1 한자의 형성 원리 6가지

한자는 한족(漢族)이 그들의 언어인 중국어를 표기하기 위해 만들어 낸 중국 고유의 문자이며, 현재까지도 사용되고 있는 문자이다. 한자는 글자 하나 하나의 음에 독립된 뜻을 지니고 있어 '표의문자(表意文字)'로 인식되어 왔으나, 최근에는 단어를 표기하는 문자라 하여 '표어문자(表語文字)'라고 하기도 한다. 그 이유는 중국어 대부분의 단어가 한 음절, 즉 단음절로 구성되어 있어서 단어 하나가 한 글자를 표기한다 해서 표어문자라 한다.

한자가 지금의 모양을 형성하기까지는 오랜 세월과 수많은 변천과정을 거쳐온 것으로 알려져 있다. 한자가 어떤 원리로 구성되었는지에 관해서는 여러 학자의 설과 구분법이 존재하나, 이 책에서는 가장 보편적인 '육서(六书)'의 체계를 간단히 살펴보는 것으로 한자 구성 원리의 이해를 돕도록 하겠다.

'육서(六书)'란 한자의 제작 원리, 즉 만들어진 원리에 따라 상형(象形), 지사(指事), 회의(會意), 형성(形聲), 전주(轉注), 가차(假借)의 6가지로 구분된다.

1. 상형(象形)

상형의 '상(象)'은 '코끼리 상, 모양 상, 형태 상'의 음과 뜻을 지니며, '형(形)'은 '모양 형, 형상 형'을 나타낸다. 다시 말해, 단어의 뜻을 조합해 보면 '모양, 형태'를 나타낸다. 그러므로, 상형문자를 사물의 형태 또는 물체의 형상을 눈에 보이는 대로 그려서 만든 글자라고 한다. 우리는 한자를 처음 접할 때 '문자'라기보다는 '그림'에 가깝다고 표현한다. 그림에 가까운 회화적인 요소의 기본이 되는 것이 바로 '상형'이다. 그러나, 이런 상형의 원리만으로 모든 글자를 만들기에는 한계가 있다. 상형으로 구성된 글자들을 살펴보면, '日, 月, 山, 川, 水, 木, 人, 目' 등이 있다.

2. 지사(指事)

지사의 '지(指)'는 '가리키다, 지시하다'는 뜻을 나타내며, '사(事)'는 일을 뜻한다. 즉, '일을 지시하다, 일을 가리키다'는 뜻으로 여기에서 말하는 '사(事)'는 구체적인 물체의 형상을 나타내는 '물상(物象)'이 아니라 추상적인 개념의 '사상(事象)'을 말한다. 추상적인 사상을 표현하기 위해서 상징적인 부호나 도형적인 기호를 사용하여 만들어낸 글자가 바로 지사문자이며, 그 대표적인 예로는 '一, 二, 三, 上, 下' 등의 문자들이 있다.

3. 회의(會意)

회의의 '회(會)'는 '모으다, 모이다'는 뜻을 나타내며, '의(意)'는 '뜻, 의미'를 가리킨다. 즉, '뜻을 모은다'는 뜻으로 이미 상형, 지사, 회의, 형성의 과정을 거쳐 만들어진 어떤 글자라도 상관이 없으며 이 글자들을 모아서 하나의 새로운 뜻을 나타내는 글자가 만들어지는데 이것이 바로 회의문자이다. 좀 더 간단히 설명하자면, 둘 또는 그 이상의 글자를 합쳐서 새로운 하나의 글자를 만드는 방법이라 볼 수 있다. 예를 들면, '信, 林, 昌, 明, 好, 男, 存' 등이 있다.

4. 형성(形聲)

형성의 '형(形)'은 '모양, 형태'를 나타내며, '성(聲)'은 '소리'를 가리킨다. 그러므로, 형성은 한자를 구성하는 한쪽은 의미를, 다른 한쪽은 소리를 나타낸다. 형성의 원리는 한자를 만드는 데 있어 가장 쉬운 방법이며 체계성을 구비하고 있어 한자의 80~90%가 이 방법으로 만들어졌다. 예를 들면, '江, 河, 村, 霜, 问, 闻' 등이 있다.

5. 전주(轉注)

전주의 '전(轉)'은 '구르다, 회전하다, 옮기다'는 뜻을 나타내며, '주(注)'는 '액체를 다른 그릇으로 붓다' 또는 '주를 단다'는 뜻을 지닌다. 그러므로, 이미 형성된 한자가 다른 그릇으로 옮겨지면서 형태는 유지하되 음과 뜻이 바뀌는 과정을 전주라고 볼 수 있다. 예를 들면, '樂'은 '즐거울 락, 풍류 악, 좋아할 요'와 같이 3가지 음과 뜻을 가지는 대표적인 전주문자이다. 이렇듯 한 글자에 여러 의미가 존재하는 전주문자에 대해서는 새로운 글자를 탄생시키는 한자의 구성 원리가 아니라 기존에 존재하는 글자에 의미를 변화시켜 활용하는 운용의 한 방법으로 보아야 한다는 의견도 존재한다.

6. 가차(假借)

가차의 '가(假)'는 '가짜, 거짓, 임시'의 뜻을 나타내며, '차(借)'는 '빌리다'는 뜻을 나타낸다. 즉, '가짜로 빌려 쓰다, 임시로 빌려 쓰다'는 뜻으로 이미 만들어진 기존 한자의 뜻과는 상관없이 글자의 '음'만을 이용해 새로운 글자를 만들어 내는 방법이다. 그러므로, 외래어 표기 또는 의성어나 의태어를 표현할 때 가차가 주로 사용되고 있다. 예를 들면, '印度(인도)', '美国(미국)', '乓乒(탁구)' 등이 있다.

2 간체자(简体字)란?

지금은 중국어에 대한 관심과 정보가 많아서 '중국어의 한자는 간체자를 사용하는 언어'라는 인식이 보편적이다. 하지만 저자가 처음으로 중국어를 접한 20여 년 전에는 '중국어는 간체자를 사용한다'라고 하면 모두들 고개를 갸우뚱거리면서 "간체자가 뭡니까?"라는 질문과 함께 '간체자'라는 용어를 처음 들어본다는 표정으로 저자를 빤히 쳐다보던 표정이 떠오른다. 이제는 더 이상 이 용어에 대해 설명할 필요는 없지만 간단히 정리해 보는 시간을 가져보자.

한자는 우리나라 젊은 세대들에게도 '글자'라고 하기보다는 '그림'에 가까운 복잡한 언어이다. 한자의 훈음(訓音)을 이해해야 하며, 획수가 많은 탓에 다른 언어를 배우는 것보다 더 많은 시간과 노력이 필요하다. 한자를 기반으로 하는 중국어가 중국 자국민 조차도 어렵고 부담스러워 하는 언어임을 알 수 있듯이 중국은 1949년 건국과 동시에 '문자개혁위원회'를 개설하여 한자의 간소화를 추진하였다. 그 결과, 1956년 '한자간화방안(汉子简化方案)'이 마련되었으며 1964년에 '간화자총표(简化字总表)'를 정식 공표함으로써 복잡한 한자를 간단하게 변형시킨 '간화자(간체자)'의 사용을 보편화시켰다.

중국은 간체자의 사용으로 자국민의 문맹률을 낮추고 국민 교육을 향상시키는 등 사회 전반적으로 많은 성과를 거두었다. 그러나, 편리해진 간체자의 사용으로 인해 기존 한자인 정자체(번체자: 繁体字)로 된 고문을 해독하지 못하거나 정치적 상황으로 인해 번체자(繁体字)를 그대로 사용하고 있는 대만(타이완) 또는 홍콩과는 서로 동일한 문자를 두고 읽지 못하는 등의 혼란이 발생하기도 한다.

※ 간체자의 구성 원리

중국어는 번체자(繁体字)의 사용에서 간체자(简体字)의 사용으로 바뀌었다. 그렇다면 이 복잡한 한자를 어떤 원리와 방법을 통해 간단하게 변형시켰는지 한번 살펴볼 필요가 있다. 간체자는 글자의 일부 또는 윤곽만을 남기거나 소리만 빌려오는 경우 또는 획을 아주 단순화 시키거나 발음이 같은 전혀 다른 글자를 빌려와서 대체하는 등 여러 가지 방법을 통해 간략화를 완성하였다.

한자를 단순화하는 과정에서 가장 보편적이며 많이 사용되는 방법이 한자의 일부 부분을 남기거나 생략 또는 윤곽만을 취해 간략화하는 '부분화 원리'라고 볼 수 있다. 다음 예를 통해 살펴보자.

》 글자의 일부만 남기거나 생략하는 경우

간체자를 만드는 방법 중에 가장 용이하고 이해하기 쉬운 것이 글자의 일부를 남기거나 생략하는 것이다.

간체자	开	乡	声	务
번체자	開	鄉	聲	務
훈독	열 개	시골 향	소리 성	힘쓸 무
발음	kāi	xiāng	shēng	wù

간체자	云	气	号	习
번체자	雲	氣	號	習
훈독	구름 운	기운 기	이름 호	익힐 습
발음	yún	qì	hào	xí

》 글자의 전체 윤곽 또는 특징적인 부분을 취하는 경우

한자의 생김새에서 전체 윤곽을 잡는 부분이나 또는 특징적인 부분을 단순화시켜 간체자를 만드는 경우도 있다.

간체자	飞	广	厂	齿
번체자	飛	廣	廠	齒
훈독	날 비	넓을 광	공장 창	이 치
발음	fēi	guǎng	chǎng	chǐ

》 글자의 일부를 다른 기호나 부호로 대체하는 경우

한자의 복잡한 획을 단순하게 만들기 위해 생략하거나 일부만 남기는 방법, 그리고 지붕에 해당하는 윤곽으로 간체자를 만드는 방법 외에도 글자의 복잡한 일부를 '기호화'해서 사용하는 방법도 있다. 대체되는 기호로 사용되는 한자(예를 들면 '又' 또는 '不')는 글자 중 여러 형태를 대표한다.

간체자	汉	对	观	难
번체자	漢	對	觀	難
훈독	한나라 한	대할 대	볼 관	어려울 난
발음	hàn	duì	guān, guàn	nán

간체자	风	区	还	坏
번체자	風	區	還	壞
훈독	바람 풍	구분할 구	돌아올 환	무너질 괴
발음	fēng	qū	huán	huài

》 같은 음의 다른 글자로 대체하는 경우

한자에 존재하는 동음어를 활용하는 경우이다. 같은 음을 나타내는 글자 중에 이미 간단해진 글자를 빌려 쓰는 방법이다.

간체자	里	干	后	只
번체자	裏	幹	後	隻
훈독	속 리(이)	줄기 간/마를 건	뒤 후	다만 지/외짝 척
발음	lǐ	gān	hòu	zhī, zhǐ

》 초서체를 사용하는 경우

초서(草書)는 복잡한 획으로 구성된 한자를 붓으로 편리하고 빨리 쓸 수 있도록 하기 위해 그 짜임새와 필획을 대폭 줄여서 곡선 형태의 흘림체로 단순화 시킨 한자의 서체를 말한다. 초서체를 사용하는 간체자는 대부분 한자의 부수(部首)에 해당한다.

간체자	见	车	马	书
번체자	見	車	馬	書
훈독	볼 견	수레 차	말 마	글 서
발음	jiàn	chē	mǎ	shū

》 형성문자 원리를 이용하여 새로 만드는 경우

형성(形聲)문자는 글자의 반은 뜻을 나타내고 나머지 반은 음을 나타내는 두 개의 부수가 합쳐져서 만들어진 글자를 말한다. 이런 형성문자의 원리를 이용하여 일부 한자는 소리 부분을 간략화하고, 또 다른 일부 한자는 뜻 부분을 단순화 시켜 간체자를 만들기도 한다. 때로는 이 두 부분에 변형을 가해서 완전히 새로운 문자를 만들어 내기도 한다.

간체자	灯	拥	沟	护
번체자	燈	擁	溝	護
훈독	등잔 등	낄 옹	도랑 구	도울 호
발음	dēng	yōng	gōu	hù

》 회의문자 원리를 이용하여 새로 만드는 경우

회의(會意)문자는 이미 만들어진 한자 가운데 두 개 이상의 글자가 합쳐져서 새로운 뜻을 나타내는 글자로 만들어진 것을 말한다. 뜻과 뜻이 합쳐졌다 즉, 뜻이 모였다는 의미에서 회의문자라 한다. 이런 글자들 가운데 많은 획수를 가진 한자는 간략하게 줄이거나 또는 다른 글자로 대체하여 새롭게 재구성하여 간체자를 만들기도 한다.

간체자	体	笔	泪	尘
번체자	體	筆	淚	塵
훈독	몸 체	붓 필	눈물 루	티끌 진
발음	tǐ	bǐ	lèi	chén

》 획수가 적은 옛글자를 사용하는 경우

때로는 단순히 획수가 적은 옛글자에서 일부를 취하여 간체자를 만드는 데 그대로 사용하는 경우도 있다.

간체자	从	网	万	礼
번체자	從	網	萬	禮
훈독	좇을 종	그물 망	일만 만	예도 례(예)
발음	cóng	wǎng	wàn	lǐ

우리는 지금까지 중국어가 번체자(繁体字)에서 어떤 원리와 방법에 의해 간체자(简体字)로 구성되었는지 간단히 살펴보았다. 위의 내용은 현재 중국에서 사용되고 있는 간체자를 이해하기 위해 대략적으로 정리한 내용으로 볼 수 있으므로 반드시 외울 필요는 없다. 다만, 이런 과정을 통해 지금의 간체자가 형성되었다는 것을 알아두자.

꼬리에 꼬리를 무는 이미지 연상법
중국어 단어 익히기

중국어는 섹시해
色　視　解

시작!

01

日 (날 일)
해를 본뜬 글자.

早 zǎo 형 (때가) 이르다. 빠르다.

▶ 태양(日)이 땅 위(一)에 떠오르는(丨) 때가 이른 시간인 데서 이를 조 **早**★

예 他每天都来得很早。 그는 매일 일찍 온다.

早上 zǎoshang 명 아침.

早饭 zǎofàn 명 아침밥. 조반.

▶ 뜻을 나타내는 饣(=𩙿=食)과 음(音)을 나타내는 反(반)이 합하여 밥 반 **饭**

Tip 饣(𩙿=食 먹을 식)이 들어간 한자는 주로 먹고 마시는 것, 음식과 관계가 있다.

早餐 zǎocān 명 아침밥. 조찬.

▶ 음(音)은 𣦼(잔→찬)에서 비슷하게 가져오고, 뜻을 나타내는 먹을 식(食)에서 밥 찬 **餐**

晚 wǎn 형 늦다.

▶ 태양(日)으로부터 면(免)하게 되었으니 늦거나 늦은 시간인 저녁을 알리는 데서
늦을 만 **晚**

晚上 wǎnshang 명 저녁. 밤.

晚饭 wǎnfàn 명 저녁밥. 저녁 식사.

晚餐 wǎncān 명 저녁밥. 만찬.

▷ 연결하기 ♣

餐厅 cāntīng 명 식당.

Tip 중국어에서 厅은 주로 '넓은 홀'을 나타낸다.

예 我一边学习一边在餐厅打工。 나는 공부하면서 식당에서 아르바이트를 한다.

客厅 kètīng 명 객실. 응접실.

▶ 집(宀)에 각각(各) 다 다른 곳에서 손님이 온 데서 손님 객 **客**
▶ 집안에서 손님(客)이 머무는 넓은 홀(厅)은 거실 **客厅**

예 你家的客厅真大啊。 너의 집 거실 진짜 크다.

大厅 dàtīng 명 대청. 홀. 로비.

예 请大家在大厅里集合。 여러분 로비로 집합해 주세요.

咖啡厅 kāfēitīng 명 커피숍.

Tip 커피는 외국에서 들어온 것으로 당시 커피라는 단어를 만들 때 음(音)이 비슷한 기존의 한자 加非에, 입으로 마시는 것이니 입 구(口)를 더해 새로운 한자를 만들어 사용하게 되었다.

旧 jiù 형 헐다. 낡다. 오래다. 오래 되다.

▶ 하루 하루 날(日)이 가다 보면 오래 되어 헤진 자국(丨)이 남으니 옛 구 **旧**

예 这件衣服太旧了。 이 옷은 너무 낡았다.

时间 shíjiān 명 시간.

▶ 해(日)의 위치에 따라 그림자 길이를 손가락 마디(寸)로 따져가며 시간을 알 수 있었으니 때 시 **时**

▶ 문(門=门) 사이로 햇빛(日)이 들어오니 사이 간 **间**★

01

中间 zhōngjiān 명 중간.

예 我坐在你们俩中间。 난 너희 두 사람 중간에 앉을 거야.

期间 qījiān 명 기간. 시간.

▶ 음(音)은 其(기)에서 가져오고, 달(月)이 한 바퀴 돌아오는 것처럼 때를 기다린다는 데서 기약할 기 期

예 节日期间出去旅游的人特别多。 명절 기간에는 여행 가는 사람들이 매우 많다.

─ 같이 Tip ✚ ─

学期 xuéqī 명 학기.
예 这个学期马上就要结束了。 이번 학기가 곧 끝난다.

假期 jiàqī 명 휴가(휴일, 방학) 기간.
예 这次假期你打算去哪儿玩儿？ 이번 휴가에 당신은 어디로 놀러 갈 생각입니까?

更年期 gēngniánqī 명 갱년기.
예 更年期时一定要注意身体。 갱년기 때에는 반드시 건강에 주의해야 한다.

过期 guòqī 동 기한을 넘기다. 기일이 지나다.
예 这盒牛奶过期了。 이 우유는 날짜가 지났다.

暗 àn [형] 어둡다.

▸ 해(日)가 가리어져 어두운 데서 어두울 암 暗

[예] 你的房间里有点儿暗。 네 방은 조금 어둡다.

연결하기

어두울 암(暗) / 소리 음(音) / 문장 장(章)

声音 shēngyīn [명] 소리. 목소리.
[예] 你听，外面是什么声音？ 너 들어봐, 밖에 무슨 소리니?

音乐 yīnyuè [명] 음악.
[예] 我帮你去买音乐会的票。 내가 음악회 표를 사다 줄게.

文章 wénzhāng [명] 문장.
▸ 소리(音)가 열 개(十)가 모이면 문장이 되니 문장 장 章

暂时 zànshí [명] 잠시. 잠깐.

▸ 죄인을 죽일 때 수레(車=车)나 도끼(斤)를 이용하여 베어 죽인 데서 벨 참 斩

▸ 하루(日)를 잘랐으니(斩) 잠깐 잠 暂

[예] 大家暂时休息一下。 모두 잠시 좀 쉽시다.

01

暑假 shǔjià 명 여름방학.

▶ 햇볕(日)이 사람(者) 머리 위에 있으니 더울 서 暑*
▶ 더울(暑) 때 주는 방학(假)이니 여름방학 暑假

예 我希望暑假快点儿来。 나는 여름방학이 빨리 왔으면 좋겠다.

— 같이 Tip +

寒假 hánjià 명 겨울방학.

▶ 집(宀)에 있는 우물(井)도 얼만큼(冫) 차가운 데서 찰 한 寒
▶ 추울 때(寒) 주는 방학(假)이니 겨울방학 寒假

예 这次寒假我打算出去打工。 이번 겨울방학에 나는 아르바이트를 할 생각이다.

风景 fēngjǐng 명 풍경. 경치.

▶ 볕(日)이 서울(京)을 비추면 아름다운 경치를 다 볼 수 있으니 볕 경 景*

예 我们一起欣赏xīnshǎng风景吧。 우리 같이 경치를 감상하자.

电影 diànyǐng 명 영화.

▶ 비 올 때 번갯불이 지지직 번쩍번쩍거리는 모양에서 번개 전 电
▶ 볕(景)이 들면 그림자 무늬(彡)가 생기는 데서 그림자 영 影
▶ 흑백영화가 처음 만들어졌을 때의 느낌은 전기(电)를 사용하여 상영되는 시커먼 그림자(影)같은 형상이었으므로 영화 电影

昨天 zuótiān 명 어제.
▶ 음(音)은 乍(작)에서 가져오고, 해(日)가 지고 다시 뜨니 그 전 날을 나타내어 어제 작 昨

明天 míngtiān 명 내일.
▶ 해(日)도 밝은데 달(月)까지 있으니 너무 밝아서 밝을 명 明

中旬 zhōngxún 명 중순.
▶ 날(日)을 열흘씩 묶어 싸서(勹) 열흘을 나타내니 열흘 순 旬*
예 这项工作在中旬之前一定要完成。 이 일은 중순 전에 반드시 완수해야 한다.

— 같이 Tip +

| 上旬 shàngxún 명 상순.

| 下旬 xiàxún 명 하순.

询问 xúnwèn 동 알아보다. 물어보다. 의견을 구하다.
▶ 음(音)은 旬(순)에서 가져오고, 말(言=讠)로 물어보니 물을 순 询
▶ 문(門=门)에 대고 입(口)으로 '누구 없어요?', '들어가도 되요?'하고 물으니 물을 문 问
예 我询问了一下这次的成绩。 나는 이번 성적을 좀 물어봤다.

01

太阳 tàiyáng 명 태양. 햇빛.

▶ 언덕(阝=阜) 위로 태양(日)이 비추니 볕 양 阳*

예 今天的太阳真好啊！ 오늘 태양이 참 좋군요!

阴阳 yīnyáng 명 음양. 음과 양.

예 你懂阴阳调和tiáohé吗? 당신은 음양의 조화를 압니까?

같이 Tip +

阴天 yīntiān 명 흐린 날씨. 흐린 하늘.

▶ 언덕(阝=阜)에 달(月)이 뜰 때는 어둡고 그늘지니 그늘 음 阴*

예 我最不喜欢阴天。 나는 흐린 날씨를 제일 싫어한다.

阳台 yángtái 명 발코니. 베란다.

예 把衣服都放在阳台上吧。 옷을 모두 베란다에 놔라.

> **Tip** 중국어에서 台는 주로 기계를 세는 양사를 나타내거나 혹은 무대, 단, 받침대, 받침대 구실을 하는 것을 나타낸다.
> 예 一台电脑(컴퓨터 한 대), 一台电视(TV 한 대), 一台洗衣机(세탁기 한 대), 窗台(창턱), 舞台(무대) 등

晴天 qíngtiān 명 맑은 날씨.

▶ 음(音)은 青(청)에서 가져오고, 구름이 걷히어 해(日)가 보이니 갤 청 晴

예 我希望明天是晴天。 나는 내일은 맑은 날씨이기를 바란다.

연결하기

- 푸를 청(青) / 갤 청(晴) / 맑을 청(清) / 청할 청(请)
- 고요할 정(静) / 뜻 정(情) / 정밀할 정(精) / 눈동자 정(睛)

푸를 청(青)이 들어간 한자는 우리말로 '청'이나 '정'으로 읽으며 주로 '청'일 때는 'qing'으로, '정'일 때는 'jing'으로 읽는다.

青年 qīngnián 명 청년. 젊은이.

예 那位青年我好像在哪儿见过。 그 청년을 나는 어디서 본 적이 있는 것 같다.

青春 qīngchūn 명 청춘.

예 不要浪费làngfèi自己的青春时光。 자기의 청춘 시절을 낭비하지 마라.

青春期 qīngchūnqī 명 사춘기.

예 现在孩子的青春期来得很早。 요즘 아이들의 사춘기는 매우 일찍 온다.

青少年 qīngshàonián 명 청소년.

예 这个电影不适合青少年看。 이 영화는 청소년이 보기에 부적합하다.

01

- **清楚** qīngchu [형] 분명하다. 명백하다. 뚜렷하다.
  - ▶ 물(氵=水)이 푸른(靑=青) 빛이 날 정도로 맑고, 또 맑은 물은 뚜렷하게 다 보인다는 데서 맑을 청 **清**
  - [예] 黑板上的字我看不清楚。 칠판의 글자가 나는 잘 안 보인다.

- **请** qǐng [동] 청하다. 부탁하다. 초빙하다.
  - ▶ 음(音)은 靑(청)에서 가져오고, 말(言=讠)로 하고자 하는 일을 청하니 청할 청 **请**

- **请教** qǐngjiào [동] 가르침을 청하다.
  - ▶ 나이 드신(耂) 스승이나 부모가 아이(子)를 회초리 든 손(攵=攴)으로 때리면서 가르치니 가르칠 교 **教**
  - ▶ 가르침(教)을 청(请)하니 **请教**
  - [예] 我想请教您一个问题。 저는 당신께 한 가지 여쭤 보고 싶습니다.

- **请客** qǐngkè [동] 접대하다. 초대하다. 한턱 내다.
  - ▶ 집(宀)에 각각(各) 다 다른 곳에서 손님이 온 데서 손님 객 **客***
  - ▶ 손님(客)으로 청(请)하니 **请客**
  - [예] 今天我请客。 오늘은 제가 한턱 낼 게요.

- **请假** qǐngjià [동] (휴가·조퇴·외출·결석·결근 등의 허락을) 신청하다.
  - ▶ 휴가(假)를 청(请)하니 **请假**
  - [예] 他今天请假去医院了。 그는 오늘 조퇴를 신청하고 병원에 갔다.

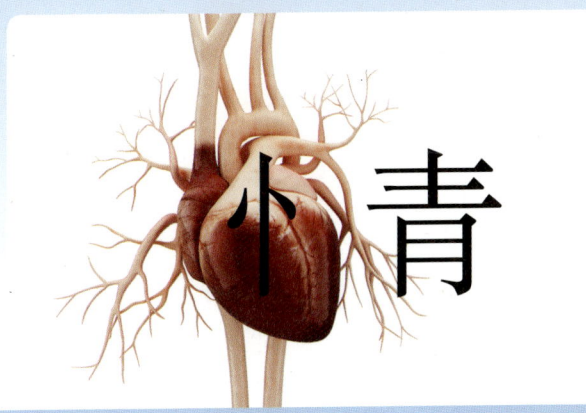

邀请 yāoqǐng [동] 초청하다. 초대하다.
[예] 谢谢你邀请我。 초대해 주셔서 감사합니다.

请求 qǐngqiú [동] 요청하다. 바라다. 부탁하다. [명] 요구. 요청. 부탁.
[예] 我可以请求你一件事吗? 제가 당신에게 부탁 하나 해도 되겠습니까?

感情 gǎnqíng [명] 감정. 정. 애정. 친근감.
▶ 음(音)은 咸(함➜감)에서 비슷하게 가져오고, 마음(心=忄)으로 느끼니 느낄 감 **感**
▶ 음(音)은 青(청➜정)에서 비슷하게 가져오고, 마음(忄=心) 속의 따뜻한 정이라는 데서 뜻 정 **情**˟
[예] 他们夫妻的感情很好。 그들 부부의 감정은 아주 좋다(그들 부부는 사이가 아주 좋다).

表情 biǎoqíng [명] 표정.
▶ 털이 있는 옷(衣)을 겉쪽으로 입는다 하여 겉 표 **表**
[예] 看他的表情，好像不太高兴。 그의 표정을 보니, 그다지 기뻐하지 않는 것 같다.

安静 ānjìng [형] 조용하다.
▶ 집(宀)에 여자(女)가 앉아 있는 모양으로 집안에 여자가 있어야 편안하니 편안할 안 **安**
▶ 음(音)은 青(청➜정)에서 비슷하게 가져오고, 전쟁(争)이 끝나고 나면 고요하니 고요할 정 **静**
[예] 请大家安静一些。 모두 조용히 좀 해 주세요.

01

- **精彩** jīngcǎi [형] 뛰어나다. 훌륭하다. 근사하다. 멋지다.
  - ▶ 음(音)은 青(청→정)에서 비슷하게 가져오고, 쌀(米)을 곱고 정밀하게 찧는 데서 정밀할 정 **精**[*]
  - ▶ 음(音)은 采(채)에서 가져오고, 잎을 따서(采) 터럭(彡)에 색을 물들여 아름답게 장식하는 데서 채색 채 **彩**
  - [예] 这次演出太精彩了。 이번 공연은 너무 훌륭했다.

- **眼睛** yǎnjing [명] 눈.
  - ▶ 음(音)은 青(청→정)에서 비슷하게 가져오고, 눈동자(目)를 나타내는 데서 눈동자 정 **睛**

02

雨 (비 우)
하늘에서 물방울이 떨어지고 있는 모양을 본뜸.

雨天 yǔtiān 명 비가 오는 날씨.

雨伞 yǔsǎn 명 우산.
▶ 우산을 펼쳤을 때의 지붕(人)과 우산 살(丷) 손잡이 자루(十) 부분의 모양인 데서 우산 산 伞*

雾 wù 명 안개.
▶ 음(音)은 务(무)에서 가져오고, 공중을 덮는 수증기(雨)는 안개인 데서 안개 무 雾

雪 xuě 명 눈.
▶ 비(雨)가 하늘에서 얼어 내리는 하얀 눈을 손(彐)으로 만져 보는 데서 눈 설 雪

03

電 = 电 * (번개 전)
비 올 때 번갯불이 지지직 번쩍 번쩍거리는 모양

电 diàn 명 전기. 번개.

家电 jiādiàn 명 가전. 가정용 전기제품의 약칭.
▶ 집집(宀)마다 돼지(豕)를 기른 데서 집 가 家
예 这是一家家电商场。 이곳은 가전 매장(가전 쇼핑몰)입니다.

电视 diànshì 명 텔레비전. TV.
▶ 보이는(示=礻) 것을 보고(見=见) 또 보는 데서 볼 시 视
▶ 전기(电)를 이용하여 보는(视) 것이니 텔레비전 电视

打雷 dǎléi 동 천둥 치다.
▶ 번개는 비 올 때 번갯불이 번쩍번쩍거리지만 천둥은 그저 소리만 거듭되니 번개(电) 꼬리(乚)를 잘라내어(田) 천둥 뢰 雷
예 我最害怕打雷。 나는 천둥 치는 것이 가장 무섭다.

闪电 shǎndiàn 명 번개. 동 번개가 번쩍이다.

▶ 문(門=门) 안에 있는 사람(人=亻)이 흘끗 보는 눈빛이 번쩍여서 번쩍일 섬 **闪***

예 天空有闪电的时候不要出去。 하늘에서 번개가 번쩍일 때는 나가지 마.

电话 diànhuà 명 전화. 전화기.

▶ 혀(舌)로 말(言=讠)을 하는 데서 말씀 화 **话**
▶ 전기(电)를 이용하여 말(话)을 하니 전화 **电话**

电影 diànyǐng 명 영화.

▶ 볕(景)이 들면 그림자 무늬(彡)가 생기는 데서 그림자 영 **影**
▶ 전기(电)를 이용한 그림자(影) 같은 형상이니 영화 **电影**

电脑 diànnǎo 명 컴퓨터(computer).

▶ 살이나 오장육부에는 육달월(月=肉)이 들어가며 골통뼈인 머리 모양(凶)과 정수리 윗부분의 머리털(亠)을 합하여 뇌 뇌 **脑**
▶ 전기(电)를 이용한 인간의 뇌(脑)처럼 똑똑한 기계이니 컴퓨터 **电脑**

电扇 diànshàn 명 선풍기.

▶ 문(戶)처럼 평평한 것에 새 날개(羽)를 붙여 만들었으니 부채 선 **扇**
▶ 전기(电)를 이용한 부채(扇)처럼 시원한 기계이니 선풍기 **电扇**

예 天太热了，再买台电扇吧。 날이 너무 덥다. 선풍기 한 대 더 사자.

03

같이 Tip +

扇子 shànzi 명 부채.
예 这把扇子是谁的? 이 부채는 누구의 것입니까?

扇扇子 shān shànzi 동 부채를 부치다.
예 天也不热，你怎么一直扇扇子呢。날도 안 더운데 너는 왜 계속 부채질을 하고 있는 거니.

电梯 diàntī 명 엘리베이터.

▶ 음(音)은 弟(제)에서 가져오고, 나무(木)로 만든 사다리인 데서 사다리 제 **梯**＊

▶ 전기(电)로 사다리(梯)처럼 자동으로 올라가니 엘리베이터 **电梯**

예 这个楼的电梯修好了吗? 이 빌딩의 엘리베이터는 다 고쳤습니까?

같이 Tip +

弟弟 dìdi 명 남동생. 아우.

第一次 dìyīcì 명 제1차. 최초. 맨 처음.
예 你第一次来韩国是什么时候? 당신이 맨 처음 한국에 온 것은 언제입니까?

楼梯 lóutī 명 계단. 층계.
▶ 건물(楼) 안에 있는 사다리(梯)처럼 생긴 것은 계단 **楼梯**
예 我们走楼梯上楼吧。우리 계단으로 걸어서 올라갑시다.

04

示 = 礻　**(보일 시)**
제사 음식을 차려 놓은 제단의 모양을 본뜬 글자.

> **Tip**　示는 신에게 보여 준다는 의미로 '보이다' 또는 '제사'와 관련된 한자에 주로 쓰인다.

出示　chūshì　[동] 내보이다. 제시하다.

[예] 请出示您的身份证。 당신의 신분증을 제시해 주시기 바랍니다.

表示　biǎoshì　[동] (언행으로 사상·감정 등을) 나타내다. 표시하다. 표명하다.

▶ 털이 있는 옷(衣)을 겉쪽으로 입는다 하여 겉 표 表

[예] 我向大家表示感谢。 저는 여러분께 감사를 표합니다.

电视　diànshì　[명] 텔레비전. TV.

▶ 보이는(示=礻) 것을 눈으로 보는(見=见) 데서 볼 시 视

视力　shìlì　[명] 시력.

[예] 我的视力越来越差了。 내 시력이 점점 나빠지고 있다.

重视　zhòngshì　[동] 중시하다. 중요시하다.

[예] 这个意见值得重视。 이 의견은 중시할 가치가 있다.

04

轻视　qīngshì　[동] 경시하다. 무시하다. 가볍게 보다.
예) 你不要轻视任何人。 당신은 어떤 사람도 무시해서는 안 된다.

宗教　zōngjiào　[명] 종교.
▶ 집(宀) 안에서 신이나 조상에게 제사(示=礻)를 모시는 데서 마루 종 宗
▶ 나이 드신(耂) 스승이나 부모가 아이(子)를 회초리 든 손(攵=攴)으로 때리면서 가르치니 가르칠 교 教
예) 你有宗教信仰吗？ 당신은 종교가 있습니까?

祭祀　jìsì　[동] (신이나 조상에게) 제사 지내다.
▶ 고기(月=肉)를 손(又)으로 제사상(示=礻)에 올려 놓고 제사를 지내는 데서 제사 제 祭*
▶ 음(音)은 巳(사)에서 가져오고, 제사(示=礻)를 지내는 데서 제사 사 祀
예) 今天是祭祀的日子。 오늘은 제삿날이다.

观察　guānchá　[동] (사물·현상 등을) 관찰하다. 살피다.
▶ 손(又)으로 만져보며 눈으로 보는(見=见) 데서 볼 관 观
▶ 집(宀)에서 제사(祭)를 지낼 때 제사 음식을 살피는 데서 살필 찰 察

> **Tip** 번체자 觀에서 雚을 又로 간단하게 기호화하였는데, 이것은 간체자를 만드는 원리 중 복잡한 글자의 일부를 다른 기호나 부호로 대체하는 경우이다. 예를 들면 漢 ➔ 汉 (한나라 한), 對 ➔ 对(대할 대), 難 ➔ 难(어려울 난) 등이 있다. (간체자 만드는 원리 참고 p 12)

警察 jǐngchá 명 경찰.

▶ 음(音)은 敬(경)에서 가져오고, 말(言=讠)로 남에게 주의를 주어 경계하고 깨우치니 경계할 경 警

擦 cā 동 (천·수건 등으로) 닦다. 문지르다.

▶ 음(音)은 察(찰)에서 가져오고, 손(扌-手)으로 문지르고 비비는 데서 문지를 찰 擦

예 把桌子擦干净gānjìng一点儿。 탁자를 좀 깨끗하게 닦아라.

禁止 jìnzhǐ 동 금지하다. 불허하다.*

▶ 숲(林)에서 제사(示=礻)를 지낼 때 제사와 관련하여 이런 저런 일들을 금하는 데서 금할 금 禁
▶ 사람 발자국의 모양으로 두 발이 그쳐 있는 데서 그칠 지 止

神 shén 명 신. 신령. 귀신.

▶ 申(신)은 번갯불의 모양으로 큰 신비한 힘을 가진 신의 행위라 생각하고 귀신에게 지내는 제사(示=礻)를 더하여 귀신 신 神

예 你相信天上有神吗？ 당신은 하늘에 신이 있다고 믿습니까?

04

精神 jīngshén 명 정신.
jīngshén 명 활기차다. 명 활력.

▶ 음(音)은 青(청 → 정)에서 비슷하게 가져오고, 쌀(米)을 곱고 정밀하게 찧는 데서 정밀할 정 精

예 你看起来精神不太好。 너 활기가 별로 없어 보여.

神话 shénhuà 명 신화.

▶ 舌(설)은 입에서 혀를 내민 모양으로 혀가 있어야 말(言=讠)을 하니 말씀 화 话

예 这是一篇神话小说。 이것은 한 편의 신화 소설이다.

神秘 shénmì 형 신비하다.

예 我觉得他是很神秘的人。 나는 그가 매우 신비로운 사람이라고 느껴졌다.

祝贺 zhùhè 동 축하하다. 경하하다.

▶ 형은 아우나 누이를 지도하고 자식 중 가장 말(口)에 대한 권한이 큰 사람이라는 데서 다리 모양(儿) 위에 입구를 얹어 놓았으니 형 형 兄*

▶ 형(兄)이 제사(示=礻)를 지낼 때 비니 빌 축 祝

▶ 재물과 돈(贝=贝)을 더해(加) 주면서 축하를 해주니 축하할 하 贺

예 祝贺你获得huòdé成功。 당신의 성공을 축하드립니다.

示

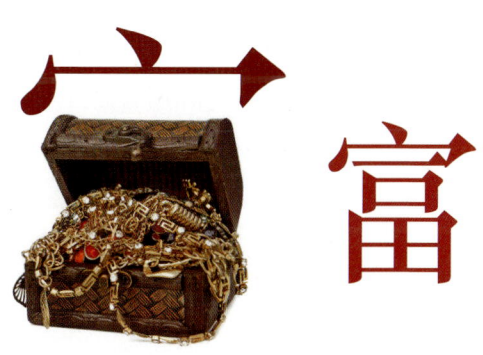

祝福 zhùfú 동 축복하다. 축원하다. 기원하다.

▶ 제사(示=礻)를 지내면 신이 복을 가득 채워주는(畐) 데서 복 복 福

예 我祝福你永远幸福。 나는 네가 영원히 행복하기를 축원해.

— 같이 Tip +

| 富人 fùrén 명 부자
▶ 집(宀)에 재물이 가득한(畐) 데서 부유할 부 富★

05

糸 = 糹 = 纟 *(실 사)
가는 실을 감은 실타래의 모양을 본뜬 글자.

红色　hóngsè　명 홍색. 붉은색. 빨강. 적색.

▶ 중국사람들은 붉은 색을 제일 좋아하므로 실(糸=糹=纟)을 가공(工)하면 가장 많은 것이 붉은 색이었던 데서 붉을 홍 红

Tip 실을 염색하는 과정을 통해서 실이 색으로 물들여지므로 색과 관련한 한자에 '실 사'가 들어가는 경우가 많다.

绿色　lǜsè　명 녹색.

▶ 음(音)은 彔(녹)에서 가져오고, 실(糸=糹=纟)을 녹색으로 염색한 데서 푸를 녹 绿

연결하기 ↙

기록할 록(录)

录音　lùyīn　동 녹음하다.　명 녹음.
예 把那段录音再播一遍，好吗？ 그 녹음을 다시 한 번 틀어주실 수 있나요?

记录　jìlù　동 기록하다.　명 기록.
▶ 말(言=讠) 중에 자신(己)에게 필요한 부분을 기록하거나 기억하니 기록할 기 记
예 他把一天的心情记录下来了。 그는 하루의 기분을 기록해 놓았다.

紫色 zǐsè 명 자색. 자줏빛.

▶ 이(此) 세상에서 가장 아름다운 실(糸=糹=纟)은 자줏빛이니 자줏빛 자 **紫**

같이 Tip ✛

灰色 huīsè 명 회색.
▶ 아궁이(广)에서 불(火=灬)이 다 타면 재가 남고 그 재의 색은 회색이니 재 회 **灰**＊

灰尘 huīchén 명 먼지.
▶ 재(灰) 역시 먼지이고, 작은(小) 흙(土) 먼지가 일어나는 모양을 뜻하는 尘과 합하여 먼지 **灰尘**

예 把灰尘打扫干净。먼지를 깨끗이 청소해.

烟灰 yānhuī 명 담뱃재.
▶ 담배를 나타내는 烟과 재를 나타내는 灰가 만났으니 담뱃재 **烟灰**

예 这些烟灰扔rēng在哪儿？ 이 담뱃재 어디에 버려요?

关系 guānxi 명 (사람과 사람 또는 사물 사이의) 관계. 연줄.

▶ 고정 핀(一)에 실타래(糸)를 매어 놓고 꼬고 있으니 맬 계 **系**

예 你们俩的关系怎么样？ 당신들 두 사람의 관계는 어떻습니까?

Tip 실로 이어주거나 묶고 매는 일, 끊어 버리는 일에도 실 사(糸)가 자주 쓰인다.

05

联系 liánxì 동 연락하다. 연결하다.

介绍 jièshào 동 소개하다.
- 사람(人)이 두 사람 사이(丌)에 끼어들어 일을 처리하는 데서 낄 개 **介**
- 음(音)은 召(소)에서 가져오고, 실(糸=糹=纟)로 이어주는 데서 이을 소 **绍**

━━━━━━━━━━━━━━━━━━━━━ 연결하기 ↙

글자 순서가 우리말과 반대이지만 뜻은 같은 단어.

介绍(개소→소개)　　争论(쟁론→논쟁)　　痛苦(통고→고통)
缩短(축단→단축)　　语言(어언→언어)　　声音(성음→음성)…

继续 jìxù 동 계속하다. 끊임없이 하다.★
- 실(糸=糹=纟)과 여러 개의 실(豅=㡭)을 이으니 이을 계 **继**
- 실(糸=糹=纟)을 팔기(卖) 위해 이으니 이을 속 **续**
- 예) 昨天没完成的工作今天继续做。 어제 끝내지 못한 일을 오늘 계속해서 한다.

━━━━━━━━━━━━━━━━━━━━━ 같이 Tip +

连续 liánxù 동 연속하다. 계속하다.
- 수레(車=车)와 움직임을 나타내는 책받침(辶)을 합하여 수레가 굴러 가듯이 끊임없이 이어지니 이을 련 **连**
- 예) 已经连续下了三天雨了。 이미 연속해서 3일째 비가 내리고 있다.

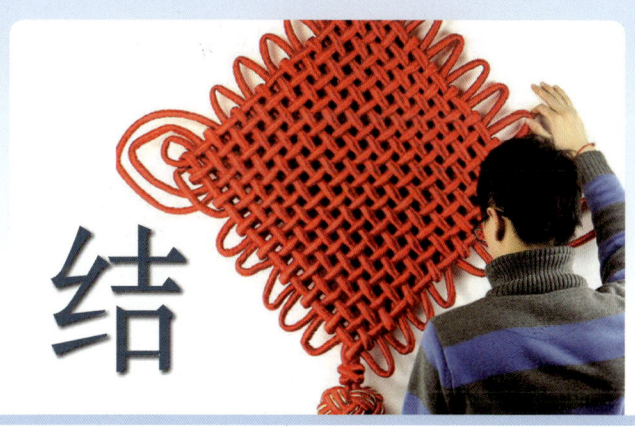

不断 búduàn 부 계속해서. 부단히.

▶ 여러 개의 실(鱻=迷)을 꺼내어 도끼(斤)로 끊으니 끊을 단 **断**

예 要想成功就要不断地努力。 성공하고 싶으면 부단히 노력해야 한다.

练习 liànxí 동 연습하다. 익히다.

▶ 음(音)은 柬(련)에서 가져오고, 비단을 만들 때 명주 실(糸=糹=纟)을 삶는 시간을 잘 가려내야(柬=东) 하는데 이런 과정을 오래 익히다 보니 익힐 련 **练**

熟练 shúliàn 형 능숙하다. 숙련되어 있다. 능란하다.

예 我车开得不太熟练。 나는 운전을 잘 못한다.

结婚 jiéhūn 동 결혼하다.

▶ 좋은(吉) 것을 실(糸)로 묶어 맺는다는 데서 맺을 결 **结***
▶ 옛날엔 여자(女)가 시집 갈 때에는 해질녘(昏)에 식을 거행한 데서 결혼할 혼 **婚**

예 她结婚的消息太突然tūrán了。 그녀의 결혼 소식은 너무 갑작스러웠다.

结束 jiéshù 동 끝나다. 마치다.

▶ 나무(木)를 감아서 묶은(口) 데서 묶을 속 束*

▶ 묶어서 매듭을 짓는 것은 끝맺음이므로 끝나다 结束

예 足球比赛马上就要结束了。 축구 경기가 곧 끝난다.

束缚 shùfù 동 구속하다. 속박하다. 제한하다.

▶ 실(糸 = 纟 = 糹) 따위로 감거나 둘러 묶는 데서 얽을 박 缚

예 我最受不了妈妈对我的束缚。
나는 엄마가 나를 속박하는 것이 가장 견딜 수가 없다.

06

衣 = 衤 (옷 의)
저고리의 옷깃을 여민 모양을 본뜬 글자.

衣服 yīfu 몡 옷. 의복.

上衣 shàngyī 몡 윗도리. 상의.

毛衣 máoyī 몡 털옷. 스웨터.
▶ 털(毛)실로 짠 옷(衣=衤)은 스웨터 **毛衣**

依靠 yīkào 동 의존하다. 의지하다. 기대다.
▶ 날씨가 추우면 사람(亻=人)은 옷(衣=衤)에 의지하니 의지할 의 **依**
예 他是一个可以依靠的人。 그는 의지할 수 있는 사람이다.

初 chū 형 처음의. 최초의.
▶ 칼(刀=刂)로 옷을 재단하는데, 이는 옷(衣=衤)을 만드는 시초인 데서 처음 초 **初***

最初 zuìchū 몡 최초. 처음. 맨 먼저. 맨 처음.
예 最初我并不知道这件事。 맨 처음 나는 이 일을 전혀 모르고 있었다.

06

裤子 kùzi 몡 바지.

▶ 음(音)은 库(고)에서 가져오고, 뜻은 衣(의)에서 가져와 바지 고 **裤**

Tip 아들 자(子)는 '아들, 자식'의 의미이지만 桌子(책상, zhuōzi), 箱子(상자, xiāngzi), 帽子(모자, màozi), 椅子(의자, yǐzi) 등과 같이 한자 뒤에 별 뜻 없이 더해져 단어를 명사화하기도 한다. 이때 子는 경성으로 읽는 것에 주의한다.

같이 Tip +

仓库 cāngkù 몡 창고. 곳간. 식량 창고.*

▶ 사람(人)이 물건을 둘둘 말아(已) 넣어 두는 곳이니 곳집 창 **仓**
▶ 수레(車=车)를 넣어두는 곳(广)이니 곳집 고 **库**

예 东西都放到仓库里吧。물건을 모두 창고에 갖다 놔.

车库 chēkù 몡 차고.

▶ 차(車=车)를 넣어두는 곳(广)이니 차고 **车库**

예 这个车库有点小。이 차고는 조금 작다.

衣

裙子 qúnzi 명 치마. 스커트.

▶ 뜻을 나타내는 옷(衤=衣)과 음(音)을 나타내는 君(군)이 합쳐져 치마 군 裙

같이 Tip +

群众 qúnzhòng 명 대중. 군중.

▶ 임금(君)을 따르는 무리가 양(羊)떼처럼 많으니 무리 군 群
▶ 사람(人)의 무리가 많음을 나타내기 위해 사람 인 세 개(众) 무리 중 众

예) 群众的力量是最大的。 군중의 힘이 가장 크다.

袜子 wàzi 명 양말. 스타킹.

▶ 뜻을 나타내는 옷(衣=衤)과 음(音)을 나타내는 末(말)이 합하여 버선 말 袜

衬衫 chènshān 명 와이셔츠. 셔츠. 블라우스.

예) 这是我昨天刚买的衬衫。 이것은 내가 어제 산 와이셔츠이다.

被 bèi 동 ~에게 ~를 당하다.

被子 bèizi 명 이불.

▶ 사람의 피부(皮)에 옷(衤=衣)과 같이 따듯한 것을 덮고 자니 이불 피 被*

袋子 dàizi 명 주머니. 자루. 포대. 봉지.

▶ 음(音)을 나타내는 代(대)에 옷(衣=衤)과 같은 천으로 만든 자루 대 袋*

예) 那个袋子里有什么? 그 봉지 안에 무엇이 있습니까?

塑料袋 sùliàodài 명 비닐봉지.

예) 可以给我一个塑料袋吗? 제게 비닐봉지를 하나 주실 수 있습니까?

口袋 kǒudai 명 주머니. 호주머니.

▶ 주머니의 입구(口)로 들어가면 자루(袋)처럼 깊으니 주머니 口袋

예) 把口袋里的东西都拿出来吧。 주머니 안에 있는 물건 모두 꺼내 보세요.

包裹 bāoguǒ 명 소포. 보따리.

▶ 아직 팔도 생기지 않은 태아(巳)를 싸고(勹) 있는 모양인 데서 쌀 포 包
▶ 옷과 같은 천을 벌려(衣) 과일(果) 등을 싸는 데서 쌀 과 裹

07

表* (겉 표)
털이 있는 옷(衣)을 겉쪽으로 입는다 하여 겉을 뜻함.

手表 shǒubiǎo 명 손목시계
▶ 겉(表)으로 남에게 보여주려고 손(手)에 차니 손목시계 **手表**

表面 biǎomiàn 명 표면. 겉. 외관.
예 什么事情都不能只看表面。 무슨 일이든지 표면만 봐서는 안 된다.

表现 biǎoxiàn 동 나타내다. 표현하다. 명 태도. 품행. 행동. 표현.
예 今天你表现得不错。 오늘 너 잘하던데.

表示 biǎoshì 동 (언행으로 사상·감정 등을) 나타내다. 표시하다.
예 经理让我向大家表示感谢。 사장님이 나로 하여금 여러분께 감사를 표하도록 했다.

表达 biǎodá 동 (자신의 사상이나 감정을) 나타내다. 표현하다. 드러내다.
예 他的意思表达得很清楚。 그는 의사를 분명하게 표현했다.

07

表明 biǎomíng [동] 분명하게 밝히다. 표명하다.

예) 大家都已经表明了自己的立场。 모두가 이미 자기의 입장을 표명했다.

代表 dàibiǎo [명] 대표. 대표자. [동] 대표하다. 대신하다. 대리하다

예) 他是我们公司的代表。 그는 우리 회사의 대표이다.

表演 biǎoyǎn [동] 공연하다.*

예) 今天表演得很成功。 오늘 공연은 매우 성공적이었다.

08

巾 (수건 건)
목(丨)에 수건(冂)을 두른 모양.

毛巾 máojīn 명 수건. 타월.
예 不要乱扔luànrēng用完的毛巾。 사용한 수건을 아무데나 던져 놓지 마.

布 bù 명 천. 베. 포.
예 这块布的手感不错。 이 천은 손의 감촉이 좋다.

布料 bùliào 명 옷감. 천.
예 这是什么布料做的？ 이것은 무슨 천으로 만들었습니까?

宣布 xuānbù 동 선포하다. 공표하다. 선언하다. 발표하다.
예 经理向大家宣布了今天的工作。 사장님께서 모두에게 오늘의 업무를 발표하셨다.

公布 gōngbù 동 공포하다. 공표하다
예 考试的结果公布了吗？ 시험의 결과가 공표되었습니까?

帽子 màozi 명 모자.

▶ 음(音)은 冒(모)에서 가져오고, 옷감이나 헝겊(巾)으로 모자를 만드는 데서
모자 모 帽

연결하기

冒险 màoxiǎn 동 모험하다. 위험을 무릅쓰다.

▶ 언덕(阝=阜)이 깎아지른 듯이 험한 데서 험할 험 险

예 这件事你做得有点冒险。 이 일은 네가 하기에는 조금 모험적이다.

危险 wēixiǎn 형 위험하다. 명 위험.

▶ 벼랑에 서서(厃) 내려다 보다 굴러(卩=㔾) 떨어지면 위험한 데서 위태할 위 危

예 女人一个人走夜路yèlù很危险。 여자 혼자 밤길을 걷는 것은 매우 위험하다.

保险 bǎoxiǎn 명 보험. 형 안전하다. 믿음직스럽다.

▶ 어른(人=亻)이 아이(呆)를 지키고 보호한다는 데서 보호할 보 保*

예 你买保险了吗? 당신은 보험을 들었습니까?

带 dài 명 띠. 벨트. 동 (몸에) 지니다. 휴대하다.

▶ 옷(巾) 위에 허리 부분에 띠(卅)를 맨 모습에서 띠 대 带

巾

幅 fú 양 폭. [옷감·그림 등을 세는 단위]
▶ 음(音)은 畐(복→폭)에서 비슷하게 가져오고, 아주 옛날에는 옷감이나 헝겊(巾)에 그림을 그린 데서 폭 폭 幅
예 我想画一幅画。 나는 그림 한 폭을 그리고 싶다.

开幕 kāimù 동 개막하다. 막을 열다.
▶ 음(音)은 莫(막)에서 가져오고, 옷감이나 헝겊(巾)으로 장막을 치니 장막 막 幕*
예 展览会马上就要开幕了。 전람회가 곧 개막한다.

闭幕 bìmù 동 폐막하다. 막을 내리다. 끝마치다.
▶ 문(門=门)을 닫고 빗장(才)을 걸으니 닫을 폐 闭
예 大会将在星期二闭幕。 대회는 화요일에 막을 내린다.

字幕 zìmù 명 (영화·텔레비전의) 자막.
예 这部电影没有中文字幕。 이 영화는 중국어 자막이 없다.

08

市场 shìchǎng 명 시장. 마켓.

▶ 시장에 가면 천(巾)에 판매하는 물품명을 적어 걸어(亠) 놓은 데서 시장 시 市*
▶ 음(音)을 장(昜=𠃍)으로 가져오고, 흙(土) 위에 마당을 만드는 데서 마당 장 场

超市 chāoshì 명 超级市场(슈퍼마켓)의 약칭.

▶ 무당이 신을 부르기(召)위해 칼날 위를 걸으며(走) 인간의 정신세계를 넘어가니 넘을 초 超

Tip super(超) + market(市) = 슈퍼마켓   super(超) + man(人) = 슈퍼맨

城市 chéngshì 명 도시.

▶ 흙(土)을 쌓아 성을 이루는(成) 데서 성 성 城
▶ 성(城) 안으로 들어가면 시장(市)이 있는 번화한 도시이니 城市

연결하기

昜(=𠃍)이 들어간 한자는 부수에 따라 주로 '장', '양', '탕'으로 읽는다.

| 市场 shìchǎng 명 시장.
| 机场 jīchǎng 명 공항. 비행장.
| 场所 chǎngsuǒ 명 장소.
   예 公共场所禁止吸烟。공공장소에서는 흡연금지입니다.

香肠 xiāngcháng 명 소시지.
▶ 잘 익은 벼(禾)를 삶을 때 나는 좋은 향기에서 향기 향 **香**
▶ 음(音)은 昜=𠃓(장)에서 가져오고, 사람 몸의 장기와 관련된 것에는 육달월(月=肉)을 주로 쓰는 데서 창자 장 **肠**

表扬 biǎoyáng 동 칭찬하다. 표창하다.
▶ 음(音)을 昜=𠃓(양)으로 가져오고, 손(扌=手)으로 위로 올리는 데서 **올릴 양 扬**
예 今天都是表扬了他。 오늘 모두가 그를 칭찬했다.

烫 tàng 형 몹시 뜨겁다 동 다리다. 다리미질하다 / 데다. 화상 입다.
▶ 국(汤)을 불(火=灬) 위에 올려 놓고 끓이니 데울 탕 **烫**

烫伤 tàngshāng 동 화상을 입다.
예 他被热水烫伤了。 그는 뜨거운 물에 화상을 입었다.

烫衣服 tàng yīfu 옷을 다리다.

烫发 tàngfà 동 (머리를) 파마하다.
예 烫发要三个小时。 파마하는 데 3시간이 걸린다.

Tip 원래 모발을 나타내는 '발'의 번체자는 髮이나 간체자로 발음이 같은 发를 사용한다.

染发 rǎnfà 동 머리를 염색하다.
▶ 옷감을 물들이기 위해 나무(木)로 색을 낸 물(氵=水)에 아홉 번씩이나 되풀이해서 물을 들이니 물들 염 **染***

09

門 = 门 (문 문)
두 개의 문짝이 있는 문의 모양.

门 mén 명 문.

铁门 tiěmén 명 철문.

玻璃门 bōlimén 명 유리문.

我们 wǒmen 대 우리(들).
▶ 음(音)은 门(문)에서 가져오고, 사람(人=亻)이 여러 명이면 '우리들', '너희들'하는 데서 들 문 们

问 wèn 동 묻다. 질문하다.
▶ 문(門=门)에 대고 입(口)으로 '누구 없어요?', '들어가도 되요?'하고 물으니 물을 문 问*

提问 tíwèn 동 (주로 교사가 학생에게) 질문하다. 명 질문.
예 她回答了老师的提问。 그녀는 선생님의 질문에 대답했다.

門

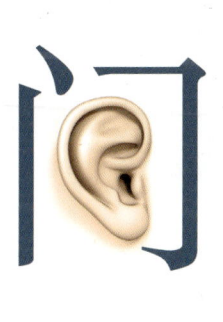

问题 wèntí 명 문제.

▶ '~이다(是)'라고 알 수 있게 하는 글 머리(页)이니 제목 제 **题**

예 有什么问题请提问。 무슨 문제가 있으면 질문해 주세요.

— 같이 Tip ✚

| 题目 tímù 명 제목.

问候 wènhòu 동 안부를 묻다. 문안 드리다.

예 请代我问候你的家人。 저를 대신해서 당신 가족에게 안부를 전해 주세요.

新闻 xīnwén 명 (매스컴의) 뉴스.

▶ 문(門=门)에 귀(耳)를 대고 들으니 들을 문 **闻***
▶ 새로운(新) 소식(闻)을 들으니 뉴스 **新闻**

예 你看今天的新闻了吗? 너 오늘 뉴스 봤니?

时间 shíjiān 명 시간.

▶ 해(日)의 위치에 따라 그림자 길이를 손가락 마디(寸)로 따져가며 시간을 알 수 있었으니 때 시 **时**
▶ 문(門=门) 사이로 햇빛(日)이 들어오니 사이 간 **间**

09

中间 zhōngjiān [명] 중간.

闷 mēn [형] 답답하다. 갑갑하다.
▶ 마음(心=忄)이 문(門=门)에 갇힌 듯 답답하니 답답할 민 闷
예) 你天天在家不闷吗? 당신은 매일 집에 있으면 답답하지 않나요?

闷热 mēnrè [형] 무덥다. 찌는 듯하다. 후덥지근하다.
예) 今天的天气有点儿闷热。 오늘의 날씨는 약간 후덥지근하다.

闹 nào [형] 떠들썩하다. 시끌벅적하다.

热闹 rènao [형] 떠들썩하다. 시끌벅적하다.

闭嘴 bìzuǐ [동] 입을 다물다.
▶ 문(門=门)을 닫고 빗장(才)을 걸어 닫으니 닫을 폐 闭*

闭幕 bìmù [동] 폐막하다. 막을 내리다. 끝마치다.

10

戶 (문 호)
門(문)의 반쪽을 본떠서 한 짝으로 된 문.

家家戶戶 jiājiāhùhù 명 가가호호. 집집마다.
▶ 집집(宀)마다 돼지(豕)를 기른 데서 집 가 家*
예 春节的时候, 家家户户都很热闹. 설 때는 집집마다 모두 다 시끌벅적하다.

房子 fángzi 명 집. 건물.
▶ 음(音)은 方(방)에서 가져오고, 한 짝의 문(户)이 있는 사각(方)의 방인 데서 방 방 房
예 我想找一个大点儿的房子。 나는 조금 큰 집을 구하고 싶다.

房间 fángjiān 명 방.

房价 fángjià 명 집(건물) 가격.
예 最近的房价太高了。 최근 집값이 너무 비싸다.

같이 Tip +

| 价格 jiàgé 명 가격. 값.
  예 这件衣服的价格有点儿贵。 이 옷의 가격은 조금 비싸다.

10

房东 fángdōng 명 집주인.

Tip 중국어에서 东은 '동쪽'이라는 뜻 외에 옛날에 주인이 동쪽에 앉은 데서 '주인'의 의미도 있다.

예 你和房东签合同qiān hétong了吗? 당신은 집주인과 계약을 하셨습니까?

같이 Tip +

| 股东 gǔdōng 명 주주. 출자자.
  예 今天要召开zhāokāi股东大会。 오늘 주주 총회가 열린다.

| 股票 gǔpiào 명 주식. (유가) 증권.
  예 我最近买了很多股票。 나는 최근에 많은 주식을 샀다.

厨房 chúfáng 명 주방. 부엌.

▶ 건물(厂) 안의 손(寸)으로 콩(豆)을 만져가며 요리하는 곳은 주방인 데서 부엌 주 厨*

예 你在厨房里做什么呢? 당신 주방에서 뭐해요?

11

木 (나무 목)
땅에 뿌리를 박고 선 나무 모양을 본뜬 글자.

木头 mùtou 명 나무. 목재. 재목.

Tip 원래 头는 '머리 두(tóu)'로 주로 머리를 나타내는데, 단어 끝에 붙어 특별한 의미 없이 명사화하는 역할을 하기도 한다. 이때 의미가 없는 관계로 대부분 경성으로 읽는다.

예 这些木头是从哪儿来的？ 이 목재들은 어디에서 왔어요?

같이 Tip +

石头 shítou 명 돌. 바위.
예 那儿有一堆石头。 저기에 돌 한 무더기가 있어요.

骨头 gǔtou 명 뼈. 가시.
예 小狗最喜欢吃骨头。 강아지는 뼈다귀를 가장 좋아한다.

木材 mùcái 명 목재.

▶ 음(音)은 才(재)에서 가져오고, 건물이나 도구의 재료는 주로 나무(木)인 데서
재목 재 材*

예 我爸爸是做木材生意的。 우리 아빠는 목재사업을 하신다.

教材 jiàocái 명 교재.

11

材料 cáiliào 명 재료. 자료.

▶ 쌀(米)을 말(斗: 물건의 양을 재는 자루가 달린 국자의 모양을 본뜸)로 재는 데서 헤아릴 료 料

休息 xiūxi 동 휴식하다. 휴식을 취하다. 쉬다.

▶ 사람(人=亻)이 일을 하다 잠시 쉴 때는 나무(木) 그늘에 가서 쉬었으니 쉴 휴 休
▶ 운동이나 일을 하면 심장(心) 박동수가 빨라지는데 코(自)로 숨을 고르니 쉴 식 息

같이 Tip +

鼻子 bízi 명 코.

▶ 음(音)은 畀(비)에서 가져오고 코(自) 밑에 있는 사물(畀)의 냄새를 맡는 모양인 데서 코 비 鼻

Tip 원래 自는 코의 모양을 본 떠 만든 글자로 중국사람들은 코를 가리키며 자신을 말한다. 여기에서 '자신'이나 '스스로' 등 여러 가지 의미가 생겨 따로 鼻라는 글자를 만들게 되었다.

困难 kùnnan 명 빈곤. 곤란. 애로. 어려움. 형 곤란하다. 어렵다.

▶ 나무(木)가 우리(口) 안에 갇혀서 잘 자라기가 곤란한 데서 곤란할 곤 困*
▶ 진흙 속에 빠진 새(隹)가 진흙에서 빠져 나오기 어렵다는 데서 어려울 난 难

예 你有什么困难吗? 당신은 무슨 어려움이 있습니까?

木

杯子 bēizi 명 (술·물·차 등 음료의) 잔. 컵.
▶ 잔은 나무(木)로 만든 일반 그릇이 아니(不)라는 데서 잔 배 杯*

연결하기 ↙

| 坏 huài 형 나쁘다. 동 상하다. 고장 나다. 망가지다. 탈나다.

结束 jiéshù 동 끝나다. 마치다.
▶ 좋은(吉) 것을 실로(糸) 묶어 맺는다는 데서 맺을 결 结
▶ 나무(木)를 감아서 묶은(囗) 데서 묶을 속 束
▶ 묶어서 매듭을 짓는 것은 끝맺는 것이므로 끝나다 结束

结果 jiéguǒ 명 결과. 결실. 열매. 성과.
▶ 나무(木) 위에 열매(田)가 열린 모양을 본뜬 데서 열매 과 果
예 考试结果出来了吗? 시험 결과가 나왔습니까?

束缚 shùfù 동 구속하다. 속박하다. 제한하다.
▶ 실(糸=糹=纟) 따위로 감거나 둘러 묶는 데서 얽을 박 缚

柿子 shìzi 명 감나무. 감.
▶ 뜻을 나타내는 나무(木)와 음(音)을 나타내는 市(시)를 합하여 감나무 시 柿

11

西红柿 xīhóngshì 명 토마토.
▶ 서양(西)에서 들여온 빨간(红) 감(柿)처럼 생긴 것이니 토마토 西红柿

书架 shūjià 명 책꽂이*
▶ 시렁을 만들 때 나무(木)를 더하여(加) 만드는 데서 시렁 가 架
- 예 书架上有很多书。 책꽂이에 많은 책이 있다.

Tip 시렁이란 물건을 얹어 놓기 위해 나무를 가지고 선반처럼 만든 것을 가리킨다.

货架 huòjià 명 상품 진열대.
▶ 만들어서 팔면 돈(貝=贝)의 가치가 있는 상품으로 변한다(化)는 데서 재물 화 货
- 예 货架上摆满bǎimǎn了东西。 상품 진열대에 물건이 가득 놓여있다.

衣架 yījià 명 옷걸이.
- 예 衣服都放在衣架上。 옷은 모두 옷걸이에 걸려있다.

衣柜 yīguì 명 옷장. 장롱.
▶ 물건을 넣어 두기 위해 나무(木)로 만든 커다란(巨) 함인 데서 함 궤 柜
- 예 衣柜里的衣服太多了。 옷장에 옷이 너무 많다.

연결하기 스

巨大 jùdà [형] (규모·수량 등이) 아주 크다(많다).
▶ 여러 가지 자 중에서 匚자형의 손잡이가 달린 가장 커다란 자이니 클 거 **巨**
[예] 我国的经济jīngjì有了巨大的发展fāzhǎn。 우리나라 경제에 아주 큰 발전이 있었다.

拒绝 jùjué [동] (부탁·의견·선물 등을) 거절하다. 거부하다.
▶ 음(音)은 巨(거)에서 기저오고, 손(扌=手)으로 막아서며 거절을 하니 막을 거 **拒**
▶ 염색한 색(色)실(糸=纟)을 끊어버리는 데서 끊을 절 **绝**
[예] 我拒绝了他的邀请yāoqǐng。 나는 그의 초대를 거절했다.

鞋柜 xiéguì [명] 신발장.

书柜 shūguì [명] 책장.

松树 sōngshù [명] 소나무.
▶ 귀공자(公)처럼 귀티가 나는 나무(木)이니 소나무 송 **松***
[예] 这棵松树有几十年了。 이 소나무는 수십 년이 되었다.

轻松 qīngsōng [형] 수월하다. 가볍다. 부담이 없다.
▶ 차(车=車)가 물줄기(巠=조) 흐르듯 가볍게 달리는 데서 가벼울 경 **轻**
[예] 这份工作对我来说很轻松。 이 일은 나에게는 아주 수월하다.

放松 fàngsōng [형] 늦추다. 느슨하게 하다. 정신적 긴장을 풀다.

▶ 음(音)을 나타내는 方(방)과 합하여 회초리를 들고 있다가(攵=攴) 내려 놓으니 놓을 방 放

[예] 别紧张，放松些。 긴장하지 마세요. 마음을 편하게 가지세요.

松鼠 sōngshǔ [명] 다람쥐.

▶ 쥐의 이와 몸을 본뜬 글자로 쥐 서 鼠*
▶ 소나무(松)에서 오르락 내리락 하는 다람쥐는 쥐(鼠)처럼 생긴 데서 다람쥐 松鼠

鼠标 shǔbiāo [명] 마우스.

▶ 나무(木)에 보여주기(示) 위해 표시를 하는 데서 표시할 표 标
▶ 영어의 마우스(mouse)는 중국어로 쥐(鼠), 컴퓨터 화면에 표시(标)를 하는 것이니 마우스 鼠标

[예] 你用鼠标点一下就行了。 마우스로 클릭만 하시면 됩니다.

木

机 jī 명 기계. 기기. 기구.
▶ 음(音)은 几(기)에서 가져오고, 이전에는 나무(木)로 기계 틀을 만든 데서 틀 기 机*

연결하기 ↙

| 几个 jǐ ge 몇 개.

| 几点 jǐ diǎn 명 몇 시.

| 肌肉 jīròu 명 근육.
▶ 음(音)은 几(기)에서 가져오고, 살(月=肉) 가죽이 근육인 데서 살가죽 기 肌

飞机 fēijī 명 비행기.
▶ 날아서(飞) 여기저기 다니는 기계(机)는 비행기 飞机

手机 shǒujī 명 휴대전화. 휴대 전화기.
▶ 손(手)에 늘 가지고 다니는 기계(机)는 휴대전화 手机

咖啡机 kāfēijī 명 커피메이커.
▶ 커피(咖啡)를 만드는 기계(机)는 커피메이커 咖啡机

11 木 나무목

11

录音机 lùyīnjī 명 녹음기.
▶ 녹음(录音)을 하는 기계(机)는 녹음기 录音机

洗碗机 xǐwǎnjī 명 식기 세척기.
▶ 설거지(洗碗)를 하는 기계(机)는 식기 세척기 洗碗机

洗衣机 xǐyījī 명 세탁기.
▶ 옷을 세탁(洗衣)하는 기계(机)는 세탁기 洗衣机

电扇机 diànshànjī 명 선풍기.
▶ 전기(电)로 된 부채(扇)같은 기계(机)는 선풍기 电扇机*

电视机 diànshìjī 명 텔레비전. TV.
▶ 전기(电)로 된 재미있게 보는(视) 기계(机)는 텔레비전 电视机

吹风机 chuīfēngjī 명 헤어드라이어.
▶ 바람(风)으로 말리는(吹) 기계(机)는 헤어드라이어 吹风机

打印机 dǎyìnjī 명 프린터.
▶ 프린트(打印)를 하는 기계(机)는 프린터 **打印机**

复印机 fùyìnjī 명 복사기.
▶ 복사(复印)를 하는 기계(机)는 복사기 **打印机**

刷卡机 shuākǎjī 명 카드 단말기.
▶ 카드를 긁는(刷卡) 기계(机)는 카드 단말기 **刷卡机**

照相机 zhàoxiàngjī 명 사진기. 카메라.
▶ 사진을 찍는(照相) 기계(机)는 사진기 **照相机**＊

― 같이 Tip ＋ ―
| **照片** zhàopiàn 명 사진.
▶ 사진을 찍어(照)놓은 조각(片)인 데서 사진 **照片**

12

禾 (벼 화)
벼의 이삭이 축 늘어진 모양을 본 뜬 글자.

委员 wěiyuán 명 (위원회의) 위원.
- 여자(女)에게 곡식(禾) 창고를 맡긴다는 데서 맡길 위 委
- 먹고(口) 살기 위해 돈(貝=贝)을 받고 일하는 사람이라는 데서 인원 원 员
- 예) 他是中央委员会的委员。 그는 중앙위원회의 위원이다.

委托 wěituō 동 위탁하다. 의뢰하다.
- 뜻을 나타내는 손(扌=手)과 음(音)을 나타내는 글자 乇(탁)을 합하여 맡길 탁 托
- 예) 我想委托您一件事。 당신에게 한 가지 의뢰할 일이 있습니다.

优秀 yōuxiù 형 (품행이나 학업·성적 등이) 우수하다. 아주 뛰어나다.
- 벼(禾)가 불룩(乃)하게 잘 익은 모습에서 빼어날 수 秀
- 예) 她是一名很优秀的运动员。 그녀는 매우 우수한 운동선수이다.

免税 miǎnshuì 동 면세하다. 면세되다. 징수를 면제하다.
- 토끼(兔)가 덫에 걸렸으나 꼬리(ヽ)만 잘리고 죽음은 면했으니 면할 면 免
- 농민이 수확한 곡식(禾) 중에서 일부를 관청에 세로 바쳤으니 세금 세 税
- 예) 这些产品都是免税的。 이 제품들은 모두 면세입니다.

禾

연결하기

兔子 tùzi 명 토끼.*

免费 miǎnfèi 동 돈을 받지 않다. 무료로 하다.
▶ 귀하지 않게(弗) 돈(貝=贝)을 쓰니 쓸 비 **费**
예 5岁以下的孩子可以免费进去。 5세 이하의 어린이는 무료로 들어갈 수 있습니다.

细菌 xìjūn 명 세균.
▶ 실(糸=纟=纟)처럼 밭(田)이랑을 가늘게 나누어 심으니 가늘 세 **细**
▶ 갇힌 공간 창고(囗)에 있는 벼(禾)의 썩은 곳에 풀(艹)이 나듯 생기는 데서 세균 균 **菌**
예 一定要经常洗手，不然会有细菌传染chuánrǎn。
반드시 손을 자주 씻으세요. 그렇지 않으면 세균에 전염될 수 있습니다.

香 xiāng 형 향기롭다. 형 (음식이) 맛있다. 맛이 좋다.
▶ 잘 익은 벼(禾)를 삶을 때 나는 좋은 향기에서 향기 향 **香**
예 这个花儿的味道wèidao真香啊。 이 꽃의 냄새가 진짜 향기롭다.

香港 Xiānggǎng 명 홍콩.

香肠 xiāngcháng 명 소시지.
▶ 음(音)은 昜=旸(장)에서 가져오고, 사람 몸의 장기와 관련된 것에는 육달월(月=肉)을 주로 쓰는 데서 창자 장 **肠**

12

香蕉 xiāngjiāo 명 바나나.

香瓜 xiāngguā 명 멜론. 머스크멜론 등의 참외류.

移民 yímín 동 이민하다. 명 이민. 이민한 사람.
▶ 벼(禾)의 이삭이 자라서 넘실넘실 많아지면(多) 옮겨 심는 데서 옮길 이 移
예 现在出去移民的人很多。 요즘 이민 가는 사람이 매우 많다.

租金 zūjīn 명 임대료. 차임(借賃).
▶ 벼(禾)로 또(且) 세금을 내니 세낼 조 租
예 这个房子的租金是多少? 이 방의 임대료는 얼마입니까?

出租 chūzū 동 임대하다. 세를 놓다. 빌려 주다.
예 这里出租房屋吗? 여기 방 세 놓습니까?

出租车 chūzūchē 명 택시.
▶ 세를 내놓은(出租) 차(車=车)이니 택시 出租车

秋天 qiūtiān 명 가을.
▶ 가을이 되면 벼(禾)가 불(火)처럼 붉게 익어가니 가을 추 秋

发愁 fāchóu 동 걱정하다. 근심하다. 우려하다.
▶ 가을(秋)이 되면 메뚜기 떼 걱정, 겨울나기 걱정으로 마음(心=忄)이 근심스러우니 근심 수 愁
예 你为什么发愁? 너는 무엇 때문에 근심하니?

和睦 hémù 형 화목하다. 사이가 좋다.
▶ 벼(禾)를 같이 나누어 먹으면(口) 사이가 좋아지니 화목할 화 和
예 家庭和睦是最重要zhòngyào的。 가정의 화목이 가장 중요하다.

禾

和好 héhǎo [동] 화해하다. 사이가 다시 좋아지다.

예) 他们现在已经和好了。 그들은 현재 이미 화해했다.

和谐 héxié [형] 잘 어울리다. 조화롭다. 잘 맞다.

예) 他们相处xiāngchǔ得很和谐。 그들은 서로 조화롭게 잘 지낸다.

利益 lìyì [명] 이익. 이득.

▶ 벼(禾)를 낫(刂=刀)으로 베어 수확을 하면 이익이고 이로운 데서 이로울 리 利
▶ 벼(禾)를 베는 그 칼(刂=刀)이 날카로운 데서 날카로울 리 利
▶ 그릇(皿)에 돈이나 물건이 더해지니 넘치고 있는 모양에서 더할 익 益*

利润 lìrùn [명] 이윤.

▶ 음(音)은 闰(윤)에서 가져오고, 물(氵=水)이 충분히 불어나는 데서 불을 윤 润

예) 公司的利润提高tígāo了很多。 회사의 이윤이 많이 높아졌다.

12 禾 벼화

13

竹 = 𥫗 (대 죽)
대나무 잎의 모양을 본 뜬 글자.

筷子 kuàizi 명 젓가락.
▶ 대나무(竹=𥫗)로 만든 젓가락으로 빨리(快) 집어 먹으니 젓가락 쾌 **筷**

---- 연결하기 ----

| 快 kuài 형 빠르다. 부 빨리. 급히.

| 块 kuài 양 덩이. 조각. / 중국의 화폐 단위.

箱子 xiāngzi 명 상자. 박스.
▶ 음(音)은 相(상)에서 가져오고, 대나무(竹=𥫗)를 엮어 상자를 만든 데서 상자 상 **箱**

冰箱 bīngxiāng 명 냉장고.
▶ 물(氵=水)이 얼었으니(冫) 얼음 빙 **冰**
▶ 얼음(冰) 상자(箱)이니 냉장고 **冰箱**

> **Tip** 冫는 얼음이 언 모양을 본뜬 글자로 '얼음'이나 '얼음이 얼만큼 춥다, 차갑다'는 뜻을 나타낸다.

竹

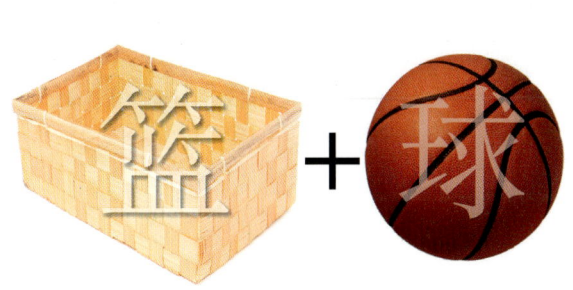

行李箱 xínglǐxiāng 명 트렁크. 여행용 가방. 캐리어.
▶ 行李는 중국어에서 '짐'이라는 뜻이며 짐을 넣는 상자(箱)라는 데서 캐리어 **行李箱**

符合 fúhé 동 부합하다. (들어)맞다. 일치하다.
▶ 음(音)은 付(부)에서 가져오고, 궁궐이나 성을 드나들 때 신분을 확인하기 위해서 만들었던 신분증(부절)이 대나무(竹=ᅩᅩ)를 재료로 하여 반으로 나뉘어 있었으며 이 두 개의 대나무를 맞붙여 신분을 확인한 데서 부절 부 **符**
▶ 각자 가지고 있는 부절(符)을 합해서(合) 보니 일치하므로 부합하다 **符合**

篮球 lánqiú 명 농구. 농구공.*
▶ 음(音)은 监(감➔람)에서 비슷하게 가져오고, 대나무(竹=ᅩᅩ)를 엮어 바구니를 만든 데서 대 바구니 람 **篮**
▶ 음(音)은 求(구)에서 가져오고, 옥(玉=王)을 갈아 공처럼 둥글게 만든 데서 공 구 **球**

───── 같이 Tip +

蓝色 lánsè 명 파랑. 청색. 남색.
▶ 음(音)은 监(감➔람)에서 비슷하게 가져오고, 파란색 물감을 만드는 풀(ᅩᅩ)인 데서 쪽 람 **蓝**
예 现在已经看不到蓝色的天空了。요즘은 이미 푸른 하늘을 볼 수 없게 되었다.

13

简单 jiǎndān 형 간단하다. 단순하다.

▶ 음(音)은 间(간)에서 가져오고, 대나무(竹=⺮)를 엮어 간단하고 손쉽게 만든 데서 간단할 간 简

计算 jìsuàn 동 계산하다. 산출하다. 셈하다.

▶ 열(十) 개의 숫자를 이용하여 말(言=讠)로 세니까 셀 계 计
▶ 옛날사람들은 대나무(竹=⺮)로 만든 눈알(目)같이 생긴 주판을 튕기며 계산을 하였으므로 셀 산 算

笔 bǐ 명 펜. 필기도구.

▶ 손잡이는 대나무(竹=⺮)로 만들어졌고 아래는 털(毛)이 붙어 있는 것이 붓이니 붓 필 笔*

Tip 현대어에서 사용하는 붓은 펜이니 주로 '펜'을 가리키고, 붓은 붓의 특징인 털(毛)을 더하여 毛笔라고 한다.

笔记本 bǐjìběn 명 노트. 수첩. 비망록.   명 노트북 컴퓨터의 약칭.

▶ 말(言=讠) 중에 자신(己)에게 필요한 부분을 기록하거나 기억하니 기록할 기 记
▶ 펜(笔)으로 기록(记)하는 노트(本)인 데서 노트 笔记本

铅笔 qiānbǐ 명 연필.

▶ 음(音)은 㕣(연)에서 가져오고, 뜻을 나타내는 쇠 금(金=钅)을 더해 납 연 铅
▶ 흑연(铅)으로 심을 넣어 만든 펜(笔)이니 연필 铅笔

竹

钢笔　gāngbǐ 명 펜. 만년필.

▶ 음(音)은 강(岡=冈)에서 가져오고, 뜻을 나타내는 쇠 금(金=钅)을 더해 강철 강 **钢**

▶ 잉크가 강철(钢)로 만들어진 펜촉으로 흘러나와 쓰는 펜(笔)은 만년필 **钢笔**

圆珠笔　yuánzhūbǐ 명 볼펜.

▶ 음(音)은 원(員=员)에서 가져오고 둥글게 에워싼(口) 모양에서 둥글 원 **圆**

▶ 둥근(圆) 구슬(珠) 같은 볼(ball)이 있는 펜이니 볼펜 **圆珠笔**

Tip 우리나라 한자 중 '원'으로 발음되는 것은 중국어에서는 주로 'yuan'으로 발음한다.

员　yuán 명 어떤 직업에 종사하는 사람. 어떤 직무를 담당하는 사람.

▶ 먹고(口) 살기 위해 돈(貝=贝)을 받고 일하는 사람이라는 데서 인원 원 **员***

같이 Tip +

| 职员 zhíyuán 명 직원.

| 服务员 fúwùyuán 명 (서비스 업계의) 종업원. 웨이터.
　▶ 서비스(服务)를 하는 직원(员)이니 종업원 **服务员**

| 公务员 gōngwùyuán 명 공무원.

13

圆 yuán 〔형〕 둥글다.

▶ 음(音)은 원(員=员)에서 가져오고, 둥글게 에워싼(囗) 모양에서 둥글 원 圆*

---- 같이 Tip +

| 圆形 yuánxíng 〔명〕 원형.
〔예〕 足球是圆形的。 축구공은 원형이다.

元 yuán 위안. [중국의 화폐 단위]

---- 연결하기

元은 '으뜸 원'이며 云은 '구름 운(雲)'의 간체자이다.

| 白云 báiyún 〔명〕 흰구름.

远 yuǎn 〔형〕 (공간적·시간적 거리가) 멀다.

---- 연결하기

运과 远은 모두 움직임과 관계가 있는 책받침(辶)이 들어가며 음(音)은 각각 云(운), 元(원)에서 가져왔다.

| 运动 yùndòng 〔명〕 운동. 스포츠.

竹

园 yuán 몡 유람하고 오락하는 장소. (채소·과수 등을 재배하는) 밭.
▶ 음(音)은 元(원)에서 가져오고, 에워싼(囗) 모양인 데서 동산 원 园

— 같이 Tip +

| 公园 gōngyuán 몡 공원.
▶ 똑같이 나누어(八) 사사로움(厶)이 없이 공평한 데서 공평할 공 公

| 花园 huāyuán 몡 화원.

| 果园 guǒyuán 몡 과수원.
▶ 나무(木) 위에 열매(田)가 열린 모양을 본뜬 데서 열매 과 果*

| 动物园 dòngwùyuán 몡 동물원.

| 幼儿园 yòu'éryuán 몡 유아원. 유치원.

原 yuán 혱 본래의. 원래의. 고치지 않은.

— 같이 Tip +

| 原来 yuánlái 혱 고유의. 원래의. 본래의. 뷔 원래. 본래. 당초에. 처음에.
예 我原来在这里住过。나는 원래 여기에 산 적이 있다.

| 原因 yuányīn 몡 원인.
예 我想知道这件事的原因。나는 이 일의 원인을 알고 싶다.

13

| 原料 yuánliào 명 원료.*
예) 你可以为我们提供原料吗? 당신은 저희를 위해서 원료를 제공해주실 수 있습니까?

| 草原 cǎoyuán 명 초원. 풀밭
예) 我想去草原看看。 나는 초원에 가보고 싶다.

愿 yuàn 동 바라다. 희망하다. 형 염원. 소망. 바람. 희망.

▶ 음(音)은 原(원)에서 가져오고, 마음(心=忄)으로 원하니 원할 원 愿

— 같이 Tip +

| 愿意 yuànyì 동 (무엇을 하기를) 바라다. 희망하다.
예) 你愿意嫁jià给我吗? 나에게 시집 오기를 원하니?

| 愿望 yuànwàng 명 희망. 소망. 바람. 소원.
예) 你有什么愿望? 당신은 무슨 소원이 있습니까?

怨 yuàn 동 원망하다.

▶ 음(音)은 夗(원)에서 가져오고, 마음(心=忄)으로 원망하니 원망할 원 怨

예) 这件事你不能怨别人。 이 일은 다른 사람을 원망해서는 안 된다.

14

册 (책 책)
冊(책)의 간체자로 죽간을 끈으로 엮은 모양.

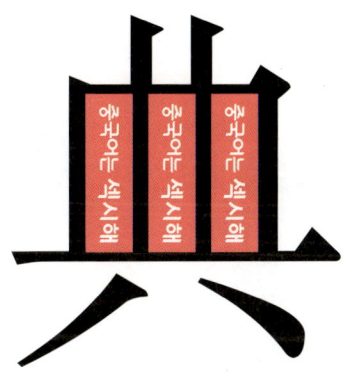

手册 shǒucè 명 안내 책자. 소책자.

― 같이 Tip +

| 词典 cídiǎn 명 **사전**.
▶ 기록한 책을 제사상에 바친 모양을 본뜬 글자인 데서 법 전 **典***
예 你查一查词典。 사전을 좀 찾아봐.

| 古典 gǔdiǎn 명 **고전**.
예 他最喜欢听古典音乐。 그는 고전음악 듣는 것을 가장 좋아한다.

15

扁 (작을 편)
戶와 글자를 쓰는 죽간(竹簡)을 나타내는
冊(책)을 합하여 문(戶)에 거는 대나무 패.

篇 piān 양 편. [문장을 세는 단위]
▶ 대나무(竹=⺮)로 책(扁)을 만든 데서 책 편 篇*
예 这篇小说我看好几遍了。 이 소설을 나는 여러 번 봤다.

遍 biàn 형 두루 미치다(퍼지다). 전면적이다. 보편적이다.
양 번. 차례. 회. [한 동작의 처음부터 끝까지의 전 과정을 가리킴]
▶ 문에 거는 대나무 패(扁)를 보며 두루 두루 다 찾아 다니는 데서 두루 편 遍
예 这句话你都说了多少遍了。 이 말을 당신은 벌써 몇 번이나 되풀이하고 있어요.

普遍 pǔbiàn 형 보편적인. 일반적인. 전면적인. 널리 퍼져 있는.
예 这种现象很普遍。 이런 현상은 매우 보편적이다.

扁

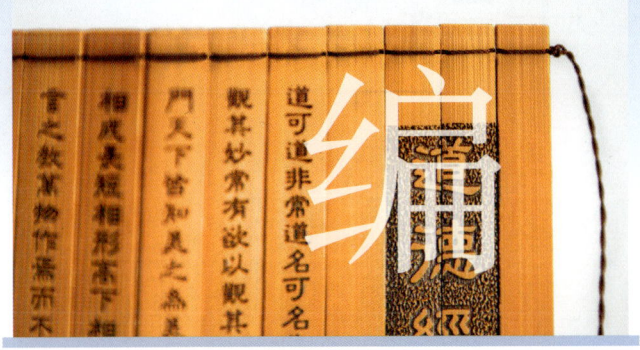

编辑 biānjí 동 편집하다. 명 편집. 편집자.

▶ 실(糸=糹=纟)로 책(扁)을 엮는 데서 엮을 편 编*
▶ 여러 가지 정보를 모으기 위해서 차(車=车)를 타고 가서 여러 사람의 입(口)에서 나온 말을 귀(耳)로 듣고 모은 데서 모을 집 辑

예 他在一家广告guǎnggào公司做编辑。 그는 광고회사에서 편집 일을 한다.

偏见 piānjiàn 명 편견. 선입견.

▶ 문에 거는 대나무 패(扁)가 한쪽으로 치우친 듯 사람(亻=人)의 마음이 치우친 데서 치우칠 편 偏

예 我怎么感觉你对我有偏见呢? 저는 어째서 당신이 제게 편견이 있다고 생각되죠?

骗 piàn 동 속이다. 기만하다. 사기 치다.

예 你不能说谎话huǎnghuà骗人。 너는 거짓말로 사람을 속여서는 안 된다.

骗子 piànzi 명 사기꾼.

예 谁也看不出来他是一个骗子。 그가 사기꾼인 것을 아무도 알아채지 못했다.

16

手 = 扌 (손 수)
다섯 손가락을 편 모양을 본뜬 글자.

Tip 扌는 手와 같은 글자로 한자의 왼쪽에 쓰며 '재방변'이라고 한다. 이 외에도 손을 나타내는 글자에는 又, 寸, 彐 등이 있다.

拿 ná 동 (손으로) 쥐다. 잡다. 가지다.
▶ 손(扌=手)을 모아서 합(合)하여 물건을 잡는 데서 잡을 나 拿*

拿出来 náchūlái 꺼내다.
▶ 물건을 잡아서(拿) 바깥으로 나오게(出来) 하니 꺼내다 拿出来

握手 wòshǒu 동 악수하다. 손을 잡다.
▶ 손(扌=手)으로 자기 집(屋) 안의 모든 일을 쥐고 있으니 쥘 악 握
예 他热情rèqíng地和我握手。 그는 열정적으로 나와 악수했다.

把握 bǎwò 동 파악하다. 포착하다. 장악하다. 붙들다. 잡다.
명 (성공에 대한) 가망. 자신. 믿음. 가능성.
▶ 손(扌=手)으로 뱀(巴)을 잡는 모습에서 잡을 파 把
예 你要把握好这次机会。 당신은 이번 기회를 잘 잡아야 합니다.

掌握 zhǎngwò 동 장악하다. 숙달하다. 정통하다. 파악하다.

▶ 다섯 손가락을 편 손(手=扌)의 모양으로 손바닥 장 **掌**

예) 今天的内容都掌握好了吗? 오늘의 내용을 모두 잘 파악했습니까?

仙人掌 xiānrénzhǎng 명 (손바닥 모양으로 납작한) 선인장.*

▶ 산(山)에 사는 사람(亻=人)이니 신선 선 **仙**
▶ 가지가 신선(仙人)의 손바닥(掌)처럼 생겼으니 선인장 **仙人掌**

예) 这棵仙人掌长得不错。 이 선인장은 잘 자랐다.

熊掌 xióngzhǎng 명 곰 발바닥. 웅장.

▶ 곰의 본디 글자는 能이었으나 후에 불(灬=火)을 더해 곰으로 사용하면서 곰 웅 **熊**

Tip 곰은 불(灬=火) 위에서 재주를 부리는 능력(能)이 있다고 외우면 암기가 쉽다.

예) 鱼和熊掌不可兼得jiāndé。 생선과 곰발(귀한 것을 지칭)을 다 가질 수는 없다.
　　　　　　　　　　　　(두 가지를 다 가질 수 없다. 한 가지를 선택해야 한다.)

鼓掌 gǔzhǎng 동 손뼉을 치다. 박수 치다.

▶ 크게 세워진 북(壴)을 치는(支) 모습에서 북 고 **鼓**
▶ 북(鼓)을 치면 기세를 더해주고 부추겨 용기가 생기게 하는 효과가 있는데 손바닥(掌)으로 박수를 치는 것 역시 사람의 마음이나 기운을 북돋워줘서 박수 치다 **鼓掌**

예) 大家一起鼓掌。 모두 함께 박수 칩시다.

16

手指 shǒuzhǐ 명 손가락.

▶ 음(音)은 旨(지)에서 가져오고, 손가락(扌=手)으로 가리키는 데서 가리킬 지 指*

예 手指上戴着钻戒zuànjiè。 손가락에 다이아몬드 반지를 끼고 있다.

指导 zhǐdǎo 동 지도하다. 이끌어 주다.

▶ 손(寸)으로 길을 인도하는 데서 인도할 도 导

예 你来指导他的功课。 당신이 그의 학업을 지도하세요.

같이 Tip +

| 导游 dǎoyóu 명 관광 안내원. 가이드.
▶ 여행(游)을 인도(导)하는 사람이니 가이드 导游

| 导演 dǎoyǎn 명 연출자. 감독.
▶ 연기(演)를 인도(导)하는 사람이니 감독 导演

| 领导 lǐngdǎo 명 지도자. 보스. 리더. 책임자. 대표.

指挥 zhǐhuī 동 지휘하다. 명 지휘자.

▶ 옛날엔 네 마리의 말이 끄는 전차에 세 사람의 무사가 타고 열 사람의 보병이 딸려 하나의 차(車=车)를 이룬 데서 군사 군 军

▶ 손(扌=手)을 흔들어 군대(軍=军)를 지휘하는 데서 휘두를 휘 挥

예 一切行动听指挥。 모든 행동은 지휘에 따른다.

> 같이 Tip +
>
> | 军人 jūnrén 몡 군인.
> | 军事 jūnshì 몡 군사.
> | 军队 jūnduì 몡 군대.
> ▶ 언덕(阝=阜)에 사람(亻=人)이 많이 모였으니 무리 대 队

发挥 fāhuī 동 발휘하다.

예) 今天你发挥得很好。 오늘 당신은 훌륭하게 발휘하였다.

打 dǎ 동 (손이나 기구를 이용하여) 치다. 때리다. 두드리다.

▶ 손(扌=手)에 망치를 들고 못(丁)을 치는 데서 칠 타 打*

打电话 dǎ diànhuà 전화를 걸다. 전화하다.

打篮球 dǎ lánqiú 농구를 하다.

▶ 음(音)은 监(감 → 람)에서 비슷하게 가져오고, 대나무(竹=⺮)를 엮어 바구니를 만드는 데서 대 바구니 람 篮
▶ 음(音)은 求(구)에서 가져오고, 옥(玉=王)을 갈아 공처럼 둥글게 만든 데서 공 구 球

16

打折 dǎzhé 동 가격을 깎다. 디스카운트하다. 할인하다.

▶ 손(扌=手)에 도끼(斤)를 들고 나무를 찍으면 꺾이는 데서 꺾을 절 折*

예) 今天这里的衣服打折。 오늘 여기의 옷은 할인합니다.

打扫 dǎsǎo 동 청소하다. 소제하다. 깨끗이 정리(처리)하다.

▶ 손(扌=手)에 빗자루를 들고(彐) 쓰는 데서 쓸 소 扫

예) 他正在厨房打扫呢。 그는 지금 주방에서 청소하고 있다.

扫兴 sǎoxìng 동 흥을 깨다. 기분을 망치다.

▶ 흥(興=兴)을 쓸어(扫)버리니 흥을 깨다 扫兴

예) 我不想让他扫兴。 나는 그의 흥을 깨고 싶지 않다.

---연결하기 ↙---

| 妇女 fùnǚ 명 부녀(자). 성인 여성.

▶ 빗자루를 들고(彐) 있는 여자(女)는 며느리인 데서 며느리 부 妇

打算 dǎsuan 동 ~할 생각이다(작정이다). ~하려고 하다. 계획하다.

▶ 대나무(竹=⺮)로 만든 눈알(目)처럼 생긴 주판 알을 받쳐들고(廾) 계산을 하는 데서
셈 산 算

---같이 Tip +---

| 计算 jìsuàn 동 계산하다. 셈하다.

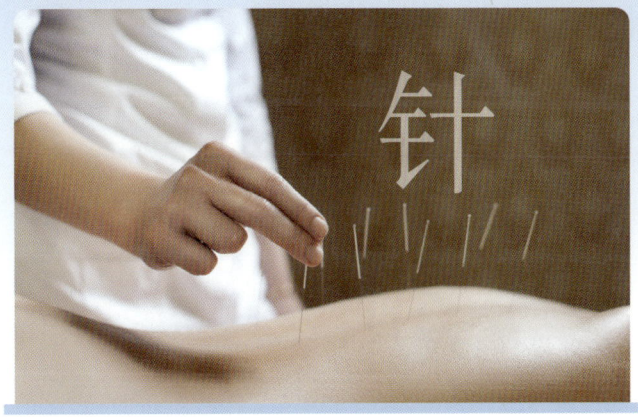

打工 dǎgōng 통 아르바이트하다. 일하다. 노동하다.
▶ 장인이 물건을 만들 때 사용하는 도구를 본 뜬 글자로 장인 공 工

打听 dǎting 통 물어보다. 탐문하다. 알아보다.
▶ 툭툭 쳐서(打) 물어보고, 물어본 것에 대한 이야기를 들으니(听) 알아보다 打听
예 我去那边再打听一下。 내가 그곳에 가서 다시 좀 알아볼게요.

打扮 dǎban 통 화장하다. 치장하다. 단장하다. 꾸미다.
▶ 음(音)은 分(분)에서 가져오고, 손(扌=手)을 사용해 꾸며야 하니 꾸밀 분 扮
예 她打扮得很漂亮。 그녀는 아주 예쁘게 치장했다.

打针 dǎzhēn 통 주사를 놓다. 주사를 맞다.
▶ 쇠(钅=金)로 만들어진 열(十) 번씩 소독해서 사용하는 바늘이니 바늘 침 针*
예 我最害怕打针。 나는 주사 맞는 것을 가장 무서워한다.

打印 dǎyìn 통 인쇄하다. 프린트하다.
▶ 손에 도장을 들고(匚) 무릎을 꿇고(卩=巴) 앉아서 찍고 있으니 도장 인 印
예 把这份文件打印三份。 이 문서를 3부 프린트하세요.

16

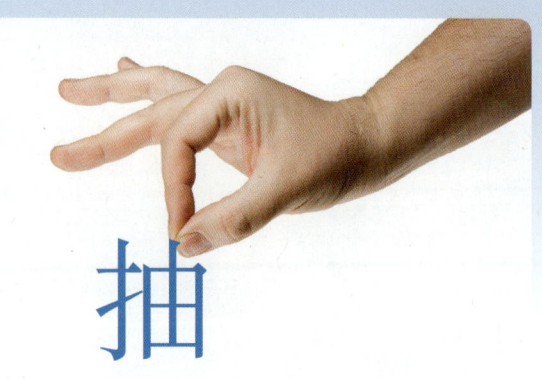

같이 Tip ✛

| **打印机** dǎyìnjī 몡 프린터.

| **印象** yìnxiàng 몡 인상.
　예 她给我留下了很深的印象。 그녀는 나에게 아주 깊은 인상을 남겼다.

保护　bǎohù　동 보호하다.
▶ 어른(人=亻)이 아이를(呆) 지키고 보호한다는 데서 보호할 보 保
▶ 음(音)은 户(호)에서 가져오고, 손(扌=手)으로 감싸며 보호하는 데서 보호할 호 护
예 我们应该保护自然环境huánjìng。 우리는 자연환경을 보호해야 한다.

护士　hùshi　몡 간호사.
예 他的女朋友是一位护士。 그의 여자친구는 간호사이다.

护照　hùzhào　몡 여권. 패스포트.
예 我的护照丢diū了。 나는 여권을 잃어버렸다.

抽　chōu　동 (일부를 또는 중간에 끼여 있는 것을) 빼내다. 뽑아 내다.*
예 今天能抽时间陪我吗? 오늘 시간 내서 나와 있을 수 있어요?

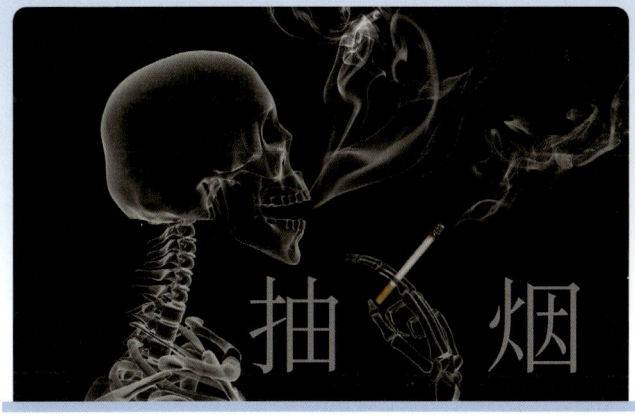

抽屉 chōuti 명 서랍.

Tip 중국어에서 屉는 층층이 쌓아 음식을 찔 수 있는 찜통이나 시루를 뜻하므로 시루처럼 층층이 있는 서랍(屉)을 손으로 뽑는(抽) 모습을 연상하며 암기해 보자!

예) 抽屉里有什么？ 서랍 안에 무엇이 있습니까?

抽烟 chōuyān 동 담배를 피우다. 흡연하다.*

- 불(火=灬)로 말미암아(因) 연기가 나니 연기 연 烟
- 담배연기(烟)를 뽑아내는(抽) 것은 흡연 抽烟

같이 Tip +

吸烟 xīyān 동 담배를 피우다. 흡연하다.*

- 입(口)으로 폐에 미칠(及) 때까지 마시는 데서 마실 흡 吸

抽时间 chōu shíjiān 시간을 내다.

抽象 chōuxiàng 동 추상하다. 형 추상적이다.

예) 你说得太抽象了，我不懂。 네가 너무 추상적으로 얘기해서, 나는 잘 모르겠네.

拒绝 jùjué 동 (부탁·의견·선물 등을) 거절하다. 거부하다.

- 음(音)은 巨(거)에서 가져오고, 손(扌=手)을 흔들며 거절하는 데서 막을 거 拒

16

> **연결하기** ↙

巨大 jùdà [형] (규모·수량 등이) 아주 많다. 아주 크다.
▶ ㄷ자 모양의 큰 자를 손에 쥐고 있는 데서 클 거 **巨**

距离 jùlí [명] 거리. 간격.
▶ 음(音)은 巨(거)에서 가져오고, 발(足=足)로 크게 걸어 멀리 떨어지는 데서 떨어질 거 **距**

差距 chājù [명] 격차. 차이. 차. 갭(gap).
▶ 차이(差)가 나고 거리(距)가 있으니 갭(gap) **差距**
[예] 我和他的汉语水平有很大的差距。 나와 그의 중국어 수준은 아주 큰 격차가 있다.

报告 bàogào [명] 보고. 보고서. 리포트. [동] 보고하다. 발표하다.
▶ 병사가 장군에게 보고를 할 때 손(扌=手)을 모으고 무릎을 꿇고(卩=㔾) 보고하고 알리는 데서 알릴 보 **报**
[예] 把情况向他报告一下。 상황을 그에게 보고해 주세요.

报道 bàodào [동] (뉴스 등을) 보도하다. [명] (뉴스 등의) 보도.
[예] 新闻上报道过这条消息xiāoxi。 신문에 이 소식이 보도된 적이 있다.

报名 bàomíng [동] 신청하다. 등록하다. 지원하다.
▶ 신청을 할 때는 이름(名)부터 알려야(报) 하니 신청하다 **报名**
[예] 你什么时候去报名? 너 언제 신청하러 갈거니?

报纸 bàozhǐ 명 신문.
▶ 여러 가지 소식을 알려주는(报) 종이(纸)인 데서 신문 报纸

拌 bàn 동 뒤섞다. 버무리다. 비비다.
▶ 음(音)은 半(반)에서 가져오고, 손(扌=手)으로 반반(半)씩 있는 것을 휘저어 한데 섞으니 뒤섞을 반 拌

拌饭 bànfàn 명 비빔밥.

搬 bān 동 (비교적 크고 무거운 것을) 옮기다. 운반하다.
▶ 음(音)은 般(반)에서 가져오고, 손(手=扌)으로 옮기는 데서 옮길 반 搬*
예 把这些椅子搬到房间里。 이 의자들을 방으로 옮기세요.

같이 Tip +

| 一般 yībān 형 일반적이다. 보통이다. 평범하다.
예 你周末一般做什么？ 당신은 주말에 보통 무엇을 하십니까?

搬家 bānjiā 동 이사하다. 집을 옮기다.
예 明天你来帮我搬家，好吗？ 내일 너는 와서 내가 이사하는 것을 도와줄 수 있어?

16

抬 tái 동 (두 사람 이상이) 맞들다. 함께 들다.

▶ 음(音)은 台(대)에서 가져오고, 무대나 제사를 지내던 제단(台)을 두 사람이 손(扌=手)으로 맞드는 데서 들 대 抬*

예 我帮你抬东西。 제가 물건을 같이 들어 드릴게요.

擦 cā 동 (천·수건 등으로) 닦다. 문지르다.

▶ 음(音)은 察(찰)에서 가져오고, 손(扌=手)으로 문지르고 비비는 데서 문지를 찰 擦

예 你要把桌子擦干净。 탁자를 깨끗하게 닦아야 한다.

연결하기

祭祀 jìsì 동 (신이나 조상에게) 제사 지내다.

▶ 고기(月=肉)를 손(又)으로 제사상(示=礻)에 올려 놓고 제사를 지내는 데서 제사 제 祭
▶ 음(音)은 巳(사)에서 가져오고, 제사(礻=示)를 지내는 데서 제사 사 祀

예 每年春节都要祭祀。 매년 설날에는 제사를 지낸다.

观察 guānchá 동 (사물·현상 등을) 관찰하다. 살피다.

▶ 번체자 觀에서 앞의 雚을 又로 간단하게 처리하고, 보는(見=见) 것을 더해 볼 관 观
▶ 집(宀)에서 제사(祭)를 지낼 때 제사 음식을 살피는 데서 살필 찰 察

예 你在观察什么呢? 당신은 무엇을 관찰하고 있나요?

手

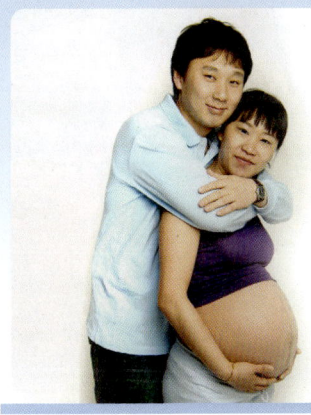

抱

扶 fú 동 (손으로) 부축하다. (넘어지지 않도록) 짚다. 기대다. 의지하다.

▶ 음(音)은 夫(부)에서 가져오고, 손(扌=手)으로 부축하는 데서 도울 부 **扶**

예 你扶我一下，好吗？ 저를 잠깐 부축해 주시겠습니까?

---연결하기---

| 丈夫 zhàngfu 명 남편.
  ▶ 양팔을 벌리고 서 있는 사람이 크다는 데서 큰 대 **大**
  ▶ 성인(大) 남자가 결혼을 하면 상투(一)를 트는 데서 지아비 부 **夫**

抱 bào 동 안다. 껴안다. 포옹하다.

▶ 손(扌=手)으로 감싸며(包) 안아주는 데서 안을 포 **抱***

예 妈妈正在抱着孩子呢。 엄마는 지금 아이를 안고 있다.

抱怨 bàoyuàn 동 (불만을 품고) 원망하다.

▶ 음(音)은 夗(원)에서 가져오고, 원망은 마음(心=忄,㣺)에서 오는 것이니 원망할 원 **怨**

예 不要总是抱怨别人。 늘 다른 사람을 원망하지 마라.

招待 zhāodài 동 (손님이나 고객에게) 접대하다. 대접하다.

▶ 손(扌=手)을 흔들어 부르고(召) 있으니 부를 초 **招**

예 这些客人由你来招待。 이 손님들은 당신이 접대하세요.

16 手 손수

16

招聘 zhāopìn 동 (공모의 방식으로) 모집하다. 초빙하다. 채용하다.

▶ 음(音)은 粵(병 → 빙)에서 비슷하게 가져오고, 부르는 소리를 귀(耳)로 듣는 데서 부를 빙 聘

예 这家公司要招聘职员。 이 회사는 직원을 모집하려고 한다.

插嘴 chāzuǐ 동 말참견하다.

▶ 손(扌=手)으로 화분에 나무를 꽂는(臿) 모습에서 꽂을 삽 插*

예 别人说话，你不要插嘴。 다른 사람이 말할 때에는 끼어들지 마.

插头 chātóu 명 플러그(plug).

예 这些插头放哪儿？ 이 플러그들은 어디에 놓을까요?

插花 chāhuā 동 (꽃병·꽃바구니에) 꽃을 꽂다. 꽃꽂이하다.

예 她每天忙着学插花。 그녀는 매일 꽃꽂이를 배우느라 바쁘다.

插话 chāhuà 명 (다른 사람이 말하는 중간에) 끼어들어 하는 말. 말참견.
동 남의 말을 끊다. 끼어들다. 말참견하다.

예 让他说完，别插话！ 그가 말을 다 하도록 중간에 끼어들지 마세요!

17

攵 = 攴 (칠 복)

손(又)에 나뭇가지(卜)를 들고 있는 모습을 본뜬 글자.

放 fàng 동 (집어) 넣다. 놓다.

▶ 음(音)을 나타내는 方(방)과 합하여 회초리를 들고 있다가(攵=攴) 내려 놓으니 놓을 방 放*

放心 fàngxīn 동 마음을 놓다. 안심하다.

▶ 마음(心=忄)을 내려 놓으니(放) 안심하다 放心

예 你放心吧，我会完成的。 걱정하지 마세요. 제가 끝낼 수 있어요.

放鞭炮 fàng biānpào 폭죽을 터뜨리다.

예 小孩子放鞭炮很危险wēixiǎn。 어린아이가 폭죽놀이를 하는 것은 매우 위험하다.

放弃 fàngqì 동 (권리나 주장·의견 등을) 버리다. 포기하다.

예 只要不放弃，就能成功。 포기하지만 않는다면 성공할 수 있다.

17

放松 fàngsōng [동] 늦추다. 느슨하게 하다. 정신적 긴장을 풀다.*

改 gǎi [동] 고치다. 바꾸다. 달라지다. 변화시키다. 변경하다. 바로잡다.
▶ 자기(己)를 회초리를 든 손(攵=攴)으로 때리면서 허물을 고칠 개 改
[예] 我把文件再改一下。 제가 문서를 다시 좀 고치겠습니다.

改正 gǎizhèng [동] (잘못·착오를) 개정하다. 시정하다.
[예] 你必须改正坏习惯xíguàn。 나쁜 습관은 반드시 고쳐야 합니다.

修改 xiūgǎi [동] (원고를) 고치다. 수정하다.
[예] 这篇文章再修改一下。 이 문장을 다시 수정해 주세요.

教 jiāo [동] (지식 또는 기술을) 전수하다. 가르치다.
▶ 나이 드신(耂) 스승이나 부모가 아이(子)를 회초리 든 손(攵=攴)으로 때리면서 가르치니 가르칠 교 教

教授 jiàoshòu [명] 교수. [동] (지식이나 기능을) 가르치다. 교수하다.
▶ 손(爫)에서 손(又)으로 물건을 받는 받을 수(受)에 손(扌=手)을 더해 줄 수 授

收 shōu 동 받다.

▶ 다 익어서 늘어진 곡식의 이삭(丩)을 쳐서(攵=攴) 낟알을 거두는 데서 거둘 수 **收**

收入 shōurù 명 수입. 소득.

失败 shībài 동 (일이나 사업을) 실패하다.

▶ 적이 나의 재물(贝=貝)을 쳐서(攵=攴) 못쓰게 만들면 패한 것이니 패할 패 **败**

예) 即使失败了，也不要放弃。설령 실패하더라도 포기하지 마세요.

牧业 mùyè 명 목축업.

▶ 손에 막대기를 들고 소(牛=牜)를 친다(攵=攴)는 데서 칠 목 **牧***

▶ 業(업 업)의 맨 윗부분만 취한 간체자로 직업, 농업, 공업 등의 단어에 쓰이니
업 업 业

예) 这个国家以牧业为主。이 국가는 목축업을 위주로 한다.

牧童 mùtóng 명 목동.

▶ 동네(里) 어귀에 서서(立) 노는 아이들이라는 데서 아이 동 童*

예 我小时候当过牧童。 나는 어렸을 때 목동을 한 적이 있다.

> 같이 Tip +
>
> | 儿童 értóng 명 아동. 어린이.

政府 zhèngfǔ 명 정부.

▶ 음(音)은 正(정)에서 가져오고, 나라가 바르게(正) 잘 되도록 매질(攵=攴)을 하는 것이 정치이니 정치 정 政

▶ 음(音)은 付(부)에서 가져오고, 언제든지 백성에게 내어(付)줄 수 있도록 물건을 모아 두는 건물(广)은 관청인 데서 관청 부 府

敲门 qiāomén 동 노크하다. 문을 두드리다.

▶ 치다(攴=攵)와 음(音)을 나타내는 高(고)를 합하여 두드릴 고 敲

예 进去之前要敲门。 들어가기 전에 노크를 해야 한다.

18

爪 = 爫* (손톱 조)
손바닥을 아래로 하여 물건을 집어 올리려는 손톱 모양을 본뜬 글자.

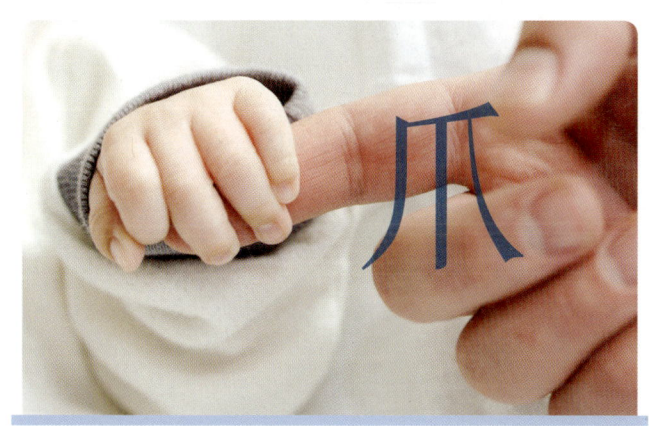

抓 zhuā 동 (손가락·발톱으로) 꽉 쥐다. 긁다. 붙잡다. 체포하다.

▶ 손톱(爪=爫)에 손(扌=手)을 더해 물건을 잡거나 긁는 데서 긁을 조 抓

예 他抓着我的手。 그는 내 손을 꽉 잡고 있다.

抓住 zhuāzhù 동 (손으로) 잡다. 움켜잡다. 붙잡다. 체포하다.

Tip 중국어에서 住(살 주)는 '살다'의 뜻 외에 동사의 뒤에 붙어 움직이던 사물이 고정되거나 정착됨을 의미하기도 한다.

예 他被警察jǐngchá抓住了。 그는 경찰에게 붙잡혔다.

抓紧 zhuājǐn 동 꽉 쥐다. 단단히 잡다. 놓치지 않다. 힘을 들이다.
동 서둘러 하다. 급히 하다.

▶ 손(又)으로 실(糸=糹=纟)을 단단하게 틀어 잡고 있는 데서 긴할 긴 緊

예 抓紧了，不要松手。 꼭 잡으시고, 손을 놓지 마세요.

18

爬 pá 동 기다. 기어가다. 동 기어오르다. 오르다.

▶ 뜻을 나타내는 손톱(爪=爫)과 음(音)을 나타내는 巴(파)가 합하여 길 파 爬*

Tip 爬는 '기다'는 뜻 외에 계단이나 산, 만리장성 등에 힘들게 올라가는 것을 나타내기도 한다.

예 那个小孩会爬了。그 어린아이는 이제 기어 다닐 수 있다.

爬山 páshān 동 산을 오르다. 등산하다.

예 这个周末我打算去爬山。이번 주말에 나는 등산 갈 생각이다.

爬楼梯 pá lóutī 계단을 오르다.

예 他深深地吸了一口气，然后开始爬楼梯。
그는 숨을 깊게 한 번 들이마시고 계단을 오르기 시작했다.

爬长城 pá Chángchéng 만리장성을 오르다.

▶ 흙(土)을 쌓아 성을 이루는(成) 데서 성 성 城

예 我不喜欢爬长城，太累了。나는 만리장성에 오르는 것이 싫어, 너무 힘들어.

爬虫类 páchónglèi 명 파충류.

예 它属于爬虫类。그것은 파충류에 속한다.

采 cǎi 동 따다. 채취하다. 뜯다. 꺾다.

▶ 손(爪=⺥)으로 나무(木)를 캐거나 열매 따위를 따는 데서 캘 채 采*

采访 cǎifǎng 동 탐방하다. 인터뷰하다. 취재하다.

▶ 정보를 캐내러(采) 방문(访)하니 취재하다 采访

예 他接受了我们的采访。 그는 우리의 취재를 받아들였다.

──── 같이 Tip ✚ ────

访问 fǎngwèn 동 방문하다.

▶ 음(音)을 나타내는 方(방)에, 찾아가서 말(言=讠)을 하는 데서 찾을 방 访
▶ 문(門=门) 앞에서 입(口)으로 '들어가도 되나요?', '누구 없어요?'하고 물으니 물을 문 问

예 他今天要来访问我们公司。 그는 오늘 우리 회사를 방문하러 온다.

采取 cǎiqǔ 동 (방침·수단·정책·조치·형식·태도 등을) 채택하다. 취하다. 강구하다.

▶ 옛날 전쟁에서 적을 잡으면 전공을 알리기 위해 증거물로 그 왼쪽 귀(耳)를 잘라내어 손(又)으로 떼어 왔다는 데서 취할 취 取

예 你打算采取什么方法？ 당신은 어떤 방법을 취할 생각이십니까?

菜 cài 명 채소. 야채. 반찬. 요리.

▶ 음(音)을 나타내는 采(채)에 풀(艹)을 더해서 채소를 나타내니 나물 채 菜

18

蔬菜 shūcài 명 채소

▶ 뜻을 나타내는 풀(艹)과 음(音)을 나타내는 疏(소)를 합하여 나물 소 蔬

예 多吃蔬菜对身体好。 채소를 많이 먹는 것은 몸에 좋다.

踩 cǎi 동 밟다. 딛다. 디디다. 짓밟다.

예 在公交车上脚被踩了。 버스 안에서 발을 밟혔다.

爱情 àiqíng 명 남녀 간의 사랑. 애정.

▶ 손(爫=⺥)으로 사랑하는 이성친구(友)를 쓰다듬는 데서 사랑 애 爱*

▶ 음(音)은 青(청→정)에서 비슷하게 가져오고, 마음(心=忄) 속의 따뜻한 정이라는 데서 뜻 정 情

예 你相信爱情吗? 당신은 사랑을 믿습니까?

受 shòu 동 받다. 받아들이다. 참다. 견디다.

▶ 손(爫=⺥)에서 손(又)으로 물건을 받는 데서 받을 수 受

예 他很受到了老师的表扬biǎoyáng。 그는 선생님의 칭찬을 많이 받았다.

受影响 shòu yǐngxiǎng 영향을 받다.

▶ 볕(景)이 들면 그림자 무늬(彡)가 생기는 데서 그림자 영 **影***

예) 我不想让他受影响。 나는 그가 영향을 받도록 하고 싶지 않다.

受欢迎 shòu huānyíng (~에게) 인기가 있다. 환영을 받다. 사랑을 받다.

▶ 손님을 맞이할 땐 두 손(又)과 입을 크게 벌리며(欠) 기뻐하는 데서 기쁠 환 **欢**
▶ 손님이 오는 쪽으로 걸어가며(辶) 오는 사람을 우러러(卬) 맞이하니 맞이할 영 **迎**

예) 他在中国很受欢迎。 그는 중국에서 매우 인기가 있다.

授予 shòuyǔ 동)(훈장·상장·명예·학위 등을) 수여하다. 주다.

▶ 受에 손(扌=手)을 더해 줄 수 **授**

예) 他被授予了博士bóshì学位。 그는 박사 학위를 수여 받았다.

教授 jiàoshòu 명) 교수. 동) (지식이나 기능을) 가르치다. 교수하다.

▶ 나이 드신(耂) 스승이나 부모가 아이(子)를 회초리 든 손(攵=攴)으로 때리면서 가르치니 가르칠 교 **教**

19

瓜 (오이 과)
넝쿨에 오이가 매달려 있는 모양을 본뜬 글자.

香瓜 xiāngguā 명 멜론. 머스크멜론 등의 참외류.
▶ 잘 익은 벼(禾)를 삶을 때 나는 좋은 향기에서 향기 향 香

南瓜 nánguā 명 호박.

西瓜 xīguā 명 수박.

같이 Tip +

| **西红柿** xīhóngshì 명 토마토.
▶ 중국사람들은 붉은 색을 제일 좋아하므로 실(糸=糹=纟)을 가공(工)하면 가장 많은 것이 붉은 색이었던 데서 붉을 홍 红
▶ 뜻을 나타내는 나무(木)와 음(音)을 나타내는 市(시)를 합하여 감나무 시 柿
▶ 서양(西)에서 들여온 빨간(红) 감(柿)처럼 생긴 것이니 토마토 西红柿

苦瓜 kǔguā 명 여주. 고과.
▶ 음(音)은 古(고)에서 가져오고, 풀(艹)을 더해 '쓰다', '괴롭다'를 나타내는 쓸 고 苦

같이 Tip +

辛苦 xīnkǔ 〔형〕 고생스럽다. 수고롭다. 고되다.
▶ 고생스러움은 마치 맵고(辛) 쓴(苦) 맛과 같으니 辛苦
〔예〕 他每天工作很辛苦。 그는 매일 힘들게 일한다.

痛苦 tòngkǔ 〔명〕 고통. 아픔. 비통. 고초. 〔형〕 고통스럽다. 괴롭다.
▶ 상에 드러누워(疒) 아파하니 아플 통 痛
〔예〕 这件事让他非常痛苦。 이 일은 그를 매우 고통스럽게 한다.

黄瓜 huángguā 〔명〕 오이.

傻瓜 shǎguā 〔명〕 바보. 멍텅구리. 멍청이.

孤独 gūdú 〔형〕 고독하다. 외롭다.
▶ 부모를 잃고 의지할 곳 없는 아이(子)와 넝쿨에 오이(瓜) 하나가 열려 있는 모습에서 외로울 고 孤
▶ 개(犭=犬)와 벌레(虫)는 서로 어울리지 못해서 홀로 지내니 홀로 독 独*
〔예〕 我现在觉得自己很孤独。 나는 지금 내 자신이 매우 외롭다고 느낀다.

19

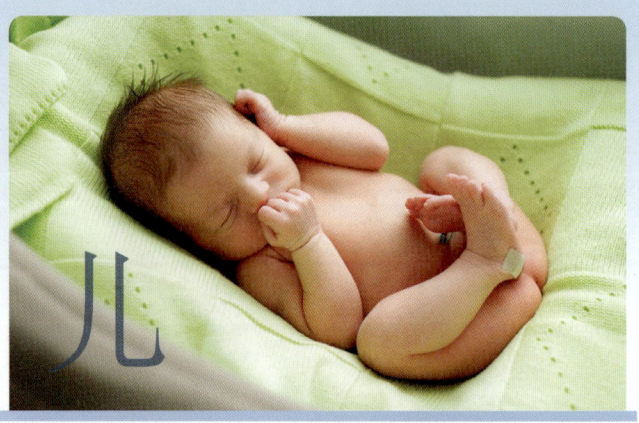

孤儿 gū'ér 몡 부모가 없는 고아.

▶ 젖먹이의 머리뼈가 아직 굳지 않은 모양(臼)에 다리(儿)를 더해 아이 아 兒*

㉠ 他是孤儿长大的。 그는 고아로 자랐다.

Tip 兒는 번체자이고 간체자로는 臼를 생략하여 儿을 사용한다.

같이 Tip +

| 儿子 érzi 몡 아들.

| 女儿 nǚ'ér 몡 딸.

| 儿女 érnǚ 몡 자녀. 아들과 딸.

20

足 = 足 (발 족)
무릎에서 발끝까지의 모양을 본뜬 글자.

足球 zúqiú 명 축구. 축구공.

▶ 음(音)은 求(구)에서 가져오고, 옥(玉=王)을 갈아 공처럼 둥글게 만든 데서 공 구 球

예 我们都是足球迷。 우리는 모두 축구팬들이다.

> Tip 하늘(一)과 땅(一)과 사람(一)을 두루 꿰뚫어(丨) 다스리는 지배자이니 임금 왕(王), 세 개(三)의 구슬을 끈으로 꿴(丨) 모양 구슬 옥(王), 임금에게 점(丶)을 찍을 수 없으니 옥에 찍게 되었는데 부수로 쓰일 때는 원래의 모습인 王을 사용한다.

满足 mǎnzú 동 만족하다. 흡족하다.

예 成功是一种自我满足。 성공은 일종의 자기 만족이다.

— 같이 Tip ✚

满意 mǎnyì 형 만족하다. 만족스럽다. 흡족하다.
예 我对你的表现biǎoxiàn很满意。 나는 당신의 태도에 만족합니다.

不足 bùzú 형 부족하다. 충분하지 않다.

예 每个人都有不足的地方。 모든 사람은 다 부족한 점이 있다.

20

踢 tī [동] 차다. 발길질하다.*

[예] 他足球踢得真棒bàng。 그는 축구를 정말 잘한다.

跑 pǎo [동] 달리다. 뛰다.

[예] 那个孩子跑了过来。 그 아이가 뛰어 왔다.

跑步 pǎobù [동] 달리다. 구보하다. 조깅하다.

[예] 每天跑步对身体好。 매일 조깅하는 것은 몸에 좋다.

跳 tiào [동] 뛰다. 도약하다. 깡충 뛰다.

[예] 你跳得真高。 그는 정말 높이 뛴다.

> 연결하기
>
> **挑** tiāo [동] 고르다. 선택하다.
> ▶ 손(扌=手)으로 고르니 집어낼 도 挑
> [예] 我挑一个漂亮的。 내가 예쁜 것으로 하나 고를게.

踩 cǎi [동] 밟다. 딛다. 디디다. 짓밟다.

[예] 对不起，踩了您的脚了。 죄송해요. 당신의 발을 밟았네요.

21

舛 (어그러질 천)
똑같지 않은 양쪽 발의 어긋난 모양을 본뜬 글자.

跳舞 tiàowǔ [동] 춤을 추다.

▶ 음(音)은 無(무)에서 가져오고, 춤을 출 때의 발의 모양(舛)을 더하여 춤출 무 舞*

예) 他跳舞跳得怎么样? 그의 춤 실력은 어떻습니까?

舞台 wǔtái [명] 무대.

> Tip 중국어에서 台는 주로 기계를 세는 양사를 나타내거나 혹은 무대, 단, 받침대, 받침대 구실을 하는 것을 나타낸다.
> 예) 一台电脑(컴퓨터 한 대), 一台电视(TV 한 대), 一台洗衣机(세탁기 한 대)

같이 Tip +

阳台 yángtái [명] 발코니. 베란다.
▶ 언덕(阝=阜)에 태양(日)이 비추니 볕 양 阳

窗台 chuāngtái [명] 창턱. 창문턱.
예) 花在窗台上呢。 꽃은 창문턱에 있어.

电视台 diànshìtái [명] 텔레비전 방송국.
▶ 보이는(示=礻) 것을 눈으로 보는(見=见) 데서 볼 시 视
예) 我去电视台参观过。 나는 방송국에 견학 간 적이 있다.

22

彳 **(조금 걸을 척)**
사람의 다리 모양을 본뜬 글자로 한자의 왼편에 부수로 쓰이며 '두인변'이라고 한다.

旅行 lǚxíng 동 여행하다.

▶ 旅(려)의 고자(古字)는 '㫃+从'으로 깃발(㫃)을 들고 병사들(从)이 나그네처럼 여기저기 이동하는 데서 나그네 려 旅
▶ 왼발의 걷는 모양(彳)과 오른발의 걷는 모양(亍)을 합하여 두 발로 여기저기 다니는 데서 다닐 행 行*

行动 xíngdòng 명 행동. 행위. 거동. 동작.
　　　　　　　동 움직이다. 걷다. 걸어 다니다.

行为 xíngwéi 명 행위. 행동.

流行 liúxíng 동 유행하다.

举行 jǔxíng [동] 거행하다.

예) 什么时候举行婚礼? 결혼식은 언제 하는데?

연결하기

| 举手 jǔshǒu [동] 손을 들다. 거수하다.
| 举杯 jǔbēi [동] 잔을 들다.

进行 jìnxíng [동] 진행하다.

行业 hángyè [명] 직업. 직종. 업종.

예) 这是前景好的行业。 이것은 전망이 좋은 업종이다.

Tip 行은 직업이나 직종, 업종과 관계가 있는 경우 'háng'으로 읽는 것에 주의하자!

银行 yínháng [명] 은행.

大街 dàjiē [명] 큰길. 번화가. 큰 거리. 대로.

▸ 사람이 다니도록(行) 흙(土)을 보듬어 잘 포장된 거리를 만드는 데서 거리 가 街

예) 我家门口就是一条大街。 우리 집 입구는 바로 큰길이다.

街道 jiēdào [명] 거리. 가두. 길거리. 가로. 대로. 큰길.

예) 街道上人很多。 길거리에 사람이 많다.

上街 shàngjiē [동] (물건을 사거나 관광 등을 위해) 거리로 나가다.

23

辶 **(쉬엄쉬엄 갈 착)**
한자의 밑을 받쳐주니 '책받침'이라 함.

> Tip 辶는 주로 '움직임'이나 '가는 것'과 관계가 있다.

进 jìn 동 (밖에서 안으로) 들다.

▶ 번체자 進으로 풀이하면 새(隹)가 앞으로만 나아가는(辶) 데서 나아갈 진 **进***

예) 什么时候来的? 快进来。 언제 왔어요? 어서 들어와요.

速度 sùdù 명 속도.

▶ 나무(木)를 감아서 묶은(口) 데서 묶을 속 **束***
▶ 음(音)은 束(속)에서 가져오고, 빨리 가니(辶) 빠를 속 **速***

예) 他跑的速度很快。 그는 뛰는 속도가 아주 빠르다.

迷 mí 명 팬(fan). 애호가. 광(狂). 마니아(mania).
　　　　동 빠지다. 심취하다. 매혹되다. 탐닉하다.

▶ 음(音)은 米(미)에서 가져오고, 가다가(辶) 길을 잃는 데서 미혹할 미 **迷**

예) 我最近迷上足球。 나는 최근 축구에 빠졌다.

迷路 mílù 동 길을 잃다.

▶ 저마다 각각(各) 발(足=足)로 걸어 다니는 곳이라는 데서 길 로 **路**

예 我一个人走路的时候，经常迷路。 나는 혼자 다닐 때, 종종 길을 잃어버린다.

迷惑 míhuò 동 **미혹되다(미혹시키다). 현혹되다(현혹시키다).**

▶ 마음(心=忄)에 혹(或)시나 하고 미혹되니 미혹할 혹 **惑**

예 你不要被他迷惑了。 당신은 그에게 미혹되어서는 안 돼요.

----- 연결하기 ⊃

| **或者** huòzhě 접 ~이든가 아니면 ~이다. [선택관계를 나타냄]

  예 我或者他去都可以。 내가 가든지 아니면 그가 가든지 다 돼요.

递 dì 동 넘겨주다. 전해주다. 건네다. 전송하다.

▶ 음(音)은 弟(제→체)에서 비슷하게 가져오고, 가서(辶) 건네주는 데서 전할 체 **递**

예 把毛巾递我一下。 수건을 저에게 건네주세요.

快递 kuàidì 명 특급 우편. 택배.

예 今天有我的快递吗? 오늘 저한테 택배 온 거 있나요?

23

연결하기 ㅅ

弟弟 dìdi 명 남동생. 아우.

电梯 diàntī 명 엘리베이터. 에스컬레이터.
예 这里的电梯坏了。여기 엘리베이터는 고장 났다.

楼梯 lóutī 명 계단. 층계.*
예 他站在楼梯下。그는 계단 아래에 서있었다.

第一次 dìyīcì 명 제1차. 최초. 맨 처음.
예 是第一次坐地铁吗？지하철을 처음 타 보는 거야?

连续 liánxù 동 연속하다. 계속하다.

▶ 수레(車=车)가 지나가고(辶) 나면 수레바퀴 자국이 계속 이어지는 데서 이을 련 连
▶ 실(糸)을 팔기(卖) 위해 이으니 이을 속 续
예 他连续病了几天。그는 며칠 연속 앓았다.

追 zhuī 동 뒤쫓다. 쫓아가다. 추격하다. 뒤따르다. 따라잡다.

▶ 적의 뒤를 언덕(阜=阝)까지 쫓아가는(辶) 데서 쫓을 추 追
예 你在追什么呢？당신은 무엇을 쫓고 있습니까?

追求 zhuīqiú 동 추구하다. 탐구하다.
동 (이성에) 구애하다. 사랑을 호소하다. 이성을 따라다니다.
예 他追求我很长时间了。 그는 나를 오랜 시간 따라다녔다.

交通 jiāotōng 명 교통.
예 自行车是我的交通工具。 자전거는 나의 교통수단이다.

逛街 guàngjiē 동 길거리를 한가로이 거닐며 구경하다. 아이쇼핑 하다.
▶ 구경하는 데 미쳐(狂) 돌아다니는(辶) 데서 거닐 광 逛

逛商场 guàng shāngchǎng (상가·백화점·쇼핑센터 등을) 거닐며 구경하다.

运动 yùndòng 명 운동. 스포츠.
▶ 음(音)은 云(운)에서 가져오고, 옮기고 움직여(辶)다니니 옮길 운 运

远 yuǎn 형 (공간적·시간적으로) 멀다.
▶ 음(音)은 元(원)에서 가져오고, 먼 곳으로 가니(辶) 멀 원 远*
예 电影院离这儿不太远。 영화관은 여기에서 그렇게 멀지 않다.

Tip 运과 远은 모두 움직임과 관계있는 책받침(辶)이 들어가며, 음(音)은 각각 운(云), 원(元)에서 가져왔다.

23

近 jìn [형] (공간적·시간적 거리가) 가깝다. 짧다.

▶ 음(音)은 斤(근)에서 가져오고, 가까운 곳으로 가니(辶) 가까울 근 近

같이 Tip +

斤 jīn [양] 근. [무게의 단위로 한 근은 500g임]*

[예] 我想买一斤苹果。 나는 사과 한 근을 사려고 한다.

公斤 gōngjīn [명] 킬로그램(kg).*

[예] 你的行李有多少公斤? 당신의 짐은 몇 킬로그램입니까?

公里 gōnglǐ [명] 킬로미터(km).

[예] 我每天跑十公里。 나는 매일 10킬로미터를 달린다.

附近 fùjìn [명] 부근. 근처. 인근. 가까운 곳. [형] 가까운. 인접한.

▶ 음(音)은 付(부)에서 가져오고, 근처 언덕(阝=阜)에 붙여 안전하게 있어서
붙을 부 附

[예] 咖啡店就在我家的附近。 커피숍은 바로 우리 집 부근에 있다.

연결하기

付가 들어간 한자는 주로 한자음은 '부', 중국어 음은 'fu'로 읽는다.

付钱 fùqián 통 돈을 지급(지불)하다.
▸ 다른 사람(亻=人)에게 손(寸)으로 돈 등을 주고 있는 모습에서 줄 부 **付**

政府 zhèngfǔ 명 정부
▸ 음(音)은 付(부)에서 가져오고, 언제든지 백성에게 내어(付) 줄 수 있노록 물건을 모아 두는 건물(广)은 관청인 데서 관청 부 **府**

腐败 fǔbài 형 부패하다. 썩다. 문란하다.
▸ 음(音)은 付(부)에서 가져오고, 정부(府)가 고기(肉) 등 뇌물을 받으면 부패한 것인 데서 썩을 부 **腐**⭑
▸ 적이 나의 재물(貝=贝)을 쳐서(攵=攴) 못쓰게 만들면 패한 것이니 패할 패 **败**

豆腐 dòufu 명 두부.

符合 fúhé 통 부합하다. (들어) 맞다. 일치하다.
▸ 음(音)은 付(부)에서 가져오고, 궁궐이나 성을 드나들 때 신분을 확인하기 위해서 만들었던 신분증(부절)이 대나무(竹=⺮)를 재료로 하여 반으로 나누어져 있었으며 맞붙여 신분을 확인한 데서 부절 부 **符**
▸ 각자 가지고 있는 부절(符)을 합해서(合) 보니 일치하므로 부합하다 **符合**

24

欠 (하품 흠)
사람이 입을 쩍 벌리고 하품하는 모습을 본뜬 글자.

欠 qiàn [동] 빚지다 / 모자라다. 부족하다. 불충분하다.
- [예] 我欠你多少钱? 내가 너한테 얼마 빚졌지?

打哈欠 dǎ hāqian [동] 하품을 하다.
- [예] 我现在困kùn得一直打哈欠。 나 지금 졸려서 계속 하품 나와.

吹 chuī [동] 입으로 힘껏 불다. (악기 등을) 불다. 불어서 연주하다.
　　　　 [동] 바람을 불다. 바람이 불다. 기류가 유동하다.
▶ 입(口)을 크게 벌려(欠) 숨을 내쉬면서 부는 데서 불 취 吹
- [예] 你的头发被风吹乱了。 네 머리가 바람에 헝클어졌다.

吹风 chuīfēng [동] 바람이 불다. 바람을 쏘이다. 헤어드라이어로 머리를 말리다. 머리를 드라이하다.

吹风机 chuīfēngjī [명] 헤어드라이어.

吹牛 chuīniú 동 허풍을 떨다. 큰소리치다.

欢迎 huānyíng 동 환영하다. 기쁘게 맞이하다(영접하다).
- 손님을 맞이할 땐 두 손(又)과 입을 크게 벌리며(欠) 기뻐하는 데서 기쁠 환 **欢**
- 손님이 오는 쪽으로 걸어가며(辶) 오는 사람을 우러러(卬) 맞이하는 데서 맞이할 영 **迎**

예) 欢迎您来这里参观cānguān。 이곳에 참관하러 오신 것을 환영합니다.

Tip 간체자를 만드는 원리 중 복잡한 글자의 일부를 다른 기호나 부호로 대체하는 경우가 있는데, 예를 들면 漢→汉(한나라 한), 對→对(대할 대), 難→难(어려울 난), 歡→欢 (기쁠 환) 觀→观(볼 관) 등이 있다. (간체자 만드는 원리 참고 p 12)

饮食 yǐnshí 명 음식. 동 음식을 먹고 마시다.
- 입을 크게 벌려(欠) 물을 마시는(食=食=饣) 데서 마실 음 **饮**
- 좋아하며(良) 즐겨먹는 '밥이 식지 않도록 뚜껑(人)을 덮어 놓은 데서 밥 식 **食***

예) 他一直都保持bǎochí着良好liánghǎo的饮食习惯。
그는 올바른 식습관을 줄곧 유지하고 있다.

饮料 yǐnliào 명 음료.

예) 我喝这种饮料会过敏guòmǐn。
나는 이런 종류의 음료를 마시면 알레르기 반응이 나타난다.

23

唱歌　chànggē　동 노래 부르다.*

▸ 음(音)은 昌(창)에서 가져오고, 입(口)으로 부르니 부를 창 **唱**
▸ 음(音)은 哥(가)에서 가져오고, 입(口)을 크게 벌려(欠) 노래를 하는 데서 노래 가 **歌**

― 연결하기 ―

哥哥　gēge　명 형. 오빠.

25

舌 (혀 설)
입(口)으로 혀(千)를 내밀고 있는 모양.

舌头 shétou 몡 혀.

卷舌音 juǎnshéyīn 몡 권설음.
- 딘(절)은 무릎을 꿇은 모양 혹은 사람이 몸을 구부리거나 물건을 둘둘 말은 것을 나타내어 말 권 **卷**
- 혀(舌)를 말아서(卷) 내는 소리(音)인 데서 권설음 **卷舌音**

예 汉语的卷舌音很难。 중국어의 권설음은 매우 어렵다.

같이 Tip +

试卷 shìjuàn 몡 시험지.
- 테스트(试)를 하기 위해 둘둘 말아(卷) 가져오니 시험지 **试卷**

예 这是这次考试的试卷。 이것은 이번 시험의 시험지이다.

甜 tián 혱 (설탕이나 꿀처럼) 달다. 달콤하다.
- 단것(甘)을 혀(舌)로 핥고 있는 데서 달 첨 **甜**＊

예 这个水果太甜了。 이 과일은 너무 달다.

같이 Tip +

甜蜜蜜 tiánmìmì 혱 매우 달콤하다. 친밀하다. 친근하다. 다정하다.

生活 shēnghuó 몡 생활. 동 살다. 생존하다.
▶ 흙(土)에서 풀이나 나무가 생기는 데서 태어남을 나타내어 날 생 **生**
▶ 혀(舌)에 물(氵=水)을 적셔야 살 수 있으니 살 활 **活**

活动 huódòng 몡 활동. 행사. 동 (몸을) 움직이다. 운동하다. 활동하다.
예 今天有什么活动? 오늘은 무슨 행사가 있습니까?

活泼 huópo 형 활발하다. 활달하다. 활기차다. 생동감이 있다.
▶ 음(音)은 발(發=发)에서 가져오고, 물(氵=水)을 뿌리는 데서 물 뿌릴 발 **泼**
예 她的性格很活泼。 그녀의 성격은 매우 활발하다.

电话 diànhuà 몡 전화. 전화기.
▶ 혀(舌)로 말(言=讠)을 하는 데서 말씀 화 **话***
▶ 전기(电)를 이용하여 말(话)을 하니 전화 **电话**

通话 tōnghuà 동 통화하다.
예 他们正在通话呢。 그들은 지금 통화하고 있다.

舌

话题　huàtí　[명] 화제. 논제. 이야기의 주제.

▶ 처음 봤을 때 '~이다(是)'임을 알 수 있는 글의 머리(頁=页)와 같은 것은 제목인 데서 제목 제 **题**

[예] 这是今天讨论的话题。 이것은 오늘 토론할 주제이다.

乱　luàn　[형] 어지럽다. 무질서하다. 혼란하다.

▶ 관계나 여러 가지 일이 어지러워지는 것은 주로 혀(舌)를 잘못 놀려(乚) 오는 데서 어지러울 난 **乱***

适合　shìhé　[동] 적합하다. 부합하다. 알맞다. 적절하다. 어울리다.

▶ 상황에 맞게 말(舌)을 하니 많은 사람들이 따라오는(辶) 데서 맞을 적 **适**

[예] 这件衣服很适合你。 이 옷은 너에게 아주 잘 어울린다.

适应　shìyìng　[동] 적응하다.

[예] 我还是适应不了这里的环境。 나는 이곳의 환경에 아직 적응하지 못하고 있다.

适当　shìdàng　[형] 적당하다. 적절하다. 알맞다. 적합하다.

[예] 适当运动能促进cùjìn食欲shíyù。 적당한 운동은 식욕을 촉진시킬 수 있다.

25 舌 혀설

26

耳 (귀 이)
귀의 모양을 본뜬 글자.

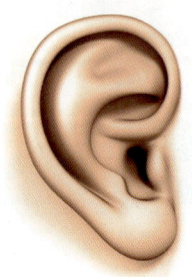

耳朵 ěrduo 명 귀.

▶ 나무(木)의 꽃이 아래로 드리워진 모양(几)을 본뜬 송이 타 朵
▶ 귀(耳)의 모양이 꽃송이(朵)처럼 생겼으니 귀 耳朵

예 我的耳朵有点疼。 나는 귀가 조금 아프다.

———— 연결하기 ————

| 朵 duǒ 양 송이. 조각. 점. [꽃·구름 등을 세는 단위]

耳环 ěrhuán 명 귀고리.

▶ 구슬(玉=王)이 둥글게 되어 있다는 데서 둥글 환 环

예 这副耳环很漂亮。 이 귀걸이 정말 예쁘다.

———— 연결하기 ————

| 环境 huánjìng 명 환경.
▶ 음(音)은 竟(경)에서 가져오고, 흙(土) 위의 경계를 나타내는 데서 지경 경 境

| 循环 xúnhuán 동 순환하다.
▶ 음(音)은 盾(순)에서 가져오고, 걷는(彳) 것을 더해 '빙빙 돌다'라는 뜻을 나타내는 데서 돌 순 循

예 这里的水是循环的。 이곳의 물은 순환한다.

耳

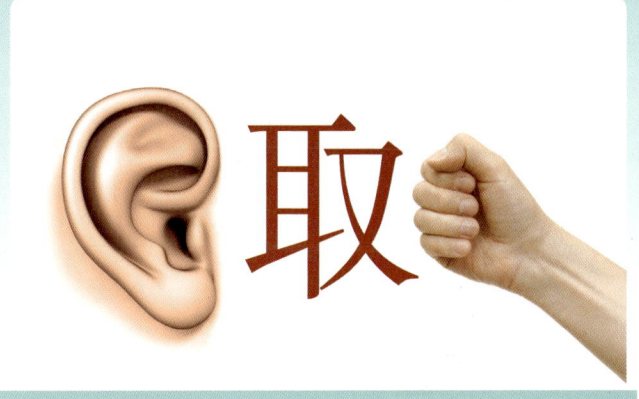

聪明　cōngming 형 **총명**하다. 똑똑하다. 영리하다. 영민하다.
▶ 음(音)은 总(총)에서 가져오고, 귀(耳)가 밝으니 사람의 말 뜻을 잘 알아듣는 데서 귀 밝을 총 **聪**
▶ 해(日)와 달(月)이 같이 있으니 몹시 밝다는 데서 밝을 명 **明**

取　qǔ 동 **가지다. 취하다. 찾다. 얻다.**
▶ 옛날 전쟁에서 적을 잡으면 전공을 알리기 위해 증거물로 그 왼쪽 귀(耳)를 잘라내어 손(又)으로 떼어 왔다는 데서 취할 취 **取***

取钱　qǔqián 동 **출금하다.** (은행이나 ATM에서) 돈을 찾다.
예 我要去银行取钱。 나는 은행에 가서 돈을 찾아야 한다.

取得　qǔdé 동 **취득하다.** 얻다.
예 他取得了大家的信任xìnrèn。 그는 모두의 신임을 얻었다.

取消　qǔxiāo 동 **취소하다.**
▶ 음(音)을 肖(초➔소)로 비슷하게 가져오고, 물(氵=水)이 줄어들어 없어지고 사라진다는 데서 사라질 소 **消**
예 今天的会议突然取消了。 오늘의 회의는 갑자기 취소됐다.

26 耳 귀이　123

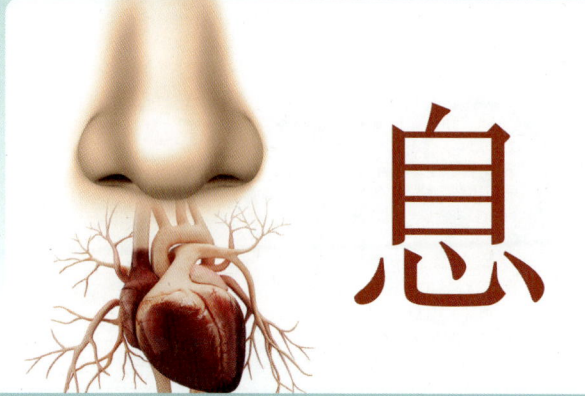

같이 Tip +

消息 xiāoxi 명 소식.
▶ 운동이나 일을 하면 심장(心) 박동수가 빨라지는데 코(自)로 숨을 고르니 쉴 식 息*

예 你有什么好消息？ 무슨 좋은 소식 있어요?

消费 xiāofèi 동 소비하다.
▶ 아끼지 않고(弗) 돈(貝=贝)을 써 버리는 데서 쓸 비 费

예 现在的消费水平越来越高了。현재의 소비 수준은 갈수록 높아지고 있다.

消失 xiāoshī 동 소실되다. 없어지다. 사라지다.
예 他脸上的笑容消失了。그의 얼굴에서 웃음이 사라졌다.

消化 xiāohuà 동 소화하다.
예 我最近消化不太好。나는 최근 소화가 잘 안 된다.

消极 xiāojí 동 소극적이다. 의기소침하다.
예 你的态度太消极了。당신의 태도는 너무 소극적이에요.

兴趣 xìngqù 명 흥미. 흥취. 취미
▶ 전쟁에 승리해 승전보로 귀(耳)를 잘라내어 손(又)에 들고 돌아갈 때는 신이 나서 가게 되는(走)데서 재미 취 趣

예 我对汉字很感兴趣。나는 한자에 대해 매우 흥미를 느낀다.

耳

有趣 yǒuqù [형] 재미있다.
예 你真是个有趣的人！당신은 정말 재미있는 사람이군요.

娶 qǔ [동] 아내를 얻다. 장가들다.
▶ 아내가 될 여자(女)를 데리고(取) 오는 데서 장가들 취 娶*
예 他娶了一个很漂亮的老婆 lǎopo。그는 아주 예쁜 아내를 얻었다.

― 같이 Tip ➕ ―

嫁 jià [동] 시집 가다. 출가하다.
▶ 여자(女)가 남의 집(家)으로 시집을 가는 데서 시집 갈 가 嫁
예 她嫁了一个很帅的老公。그녀는 아주 잘 생긴 남편에게 시집을 갔다.

27

目 (눈 목)
사람의 눈 모양을 본뜬 글자.

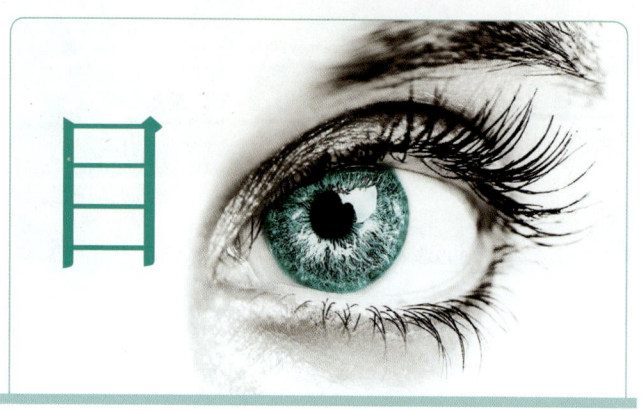

目标 mùbiāo 명 목표.
▶ 나무(木)에 보여주기(示) 위해 표시를 하는 데서 표시할 표 标
예) 你的人生目标是什么？ 당신의 인생 목표는 무엇입니까?

目的 mùdì 명 목적.
예) 我的目的达到了。 나는 목적을 이루었다.

— 같이 Tip +

> **目的地** mùdìdì 명 목적지.
> 예) 我们还没到目的地呢。 우리는 목적지에 아직 도착하지 못했다.

目前 mùqián 명 현재. 지금.
예) 我目前还没有这个打算dǎsuan。 나는 현재 아직 이런 계획이 없다.

目录 mùlù 명 목록. 목차. 차례.
예) 这本书怎么没有目录？ 이 책은 어째서 목차가 없나요?

节目 jiémù 명 프로그램. 종목. 항목.

예 这是什么节目？ 이것은 무슨 프로그램입니까?

연결하기

节日 jiérì 명 (국경일 등의) 법정 기념일. 경축일. 명절.

예 春节是中国最重要的节日。 춘절은 중국에서 가장 중요한 명절이다.

关节 guānjié 명 결정적인 역할을 하는 마디. 중요한 부분. 관절.

예 每个关节又酸suān又痛tòng。 관절 마디마디가 쑤신다.

题目 tímù 명 제목. 표제. 테마.

▶ '~이다(是)'라고 알 수 있게 하는 글 머리(页)이니 제목 제 **题**

예 电影的题目是什么？ 영화의 제목이 뭐예요?

眼泪 yǎnlèi 명 눈물.

▶ 눈(目)에 눈물(氵=水)이 고여 있는 데서 눈물 루 **泪***

예 他哭的时候怎么不流眼泪？ 그는 울 때 어떻게 눈물을 안 흘립니까?

流泪 liúlèi 동 눈물을 흘리다.

▶ 음(音)은 㐬(류)에서 가져오고, 아기가 양수(氵=水)와 함께 흘러(㐬)나오는 데서 흐를 류 **流**

27

眼光　yǎnguāng　명 시선. 눈길. 안목.
예 你的眼光不错。 당신 안목이 괜찮은데요.

眼睛　yǎnjing　명 눈.
▶ 음(音)은 青(청→정)에서 비슷하게 가져오고, 눈(目)동자를 가리키는 데서 눈동자 정 睛

眼镜　yǎnjìng　명 안경.

───── 연결하기 ↙ ─────
| 镜子　jìngzi　명 거울.
　　예 你去那边照照镜子。 당신 저기 가서 거울 좀 보세요.

互相　hùxiāng　부 서로. 상호.
▶ 나무(木)와 사람의 눈(目)이 서로 마주 하고 있는 데서 서로 상 相*

想　xiǎng　동 생각하다. ~하고 싶다. 그리워하다.
▶ 서로(相)를 마음(心)으로 생각하는 데서 생각할 상 想
예 我很想你。 네가 정말 보고 싶어.

睡觉 shuìjiào 동 잠을 자다.
▶ 잠을 자려면 눈(目)꺼풀이 아래로 늘어져(垂)야 눈을 감을 수 있으니 잘 수 睡*

睡眠 shuìmián 명 수면. 잠. 동 수면하다. 잠자다.

失眠 shīmián 동 잠을 이루지 못하다. 불면증에 걸리다.

瞎 xiā 동 눈이 멀다. 실명하다.
▶ 눈(目)을 해쳐서(害) 보이지 않으니 애꾸눈 할 瞎

盲人 mángrén 명 맹인. 눈먼 사람. 봉사. 장님.
▶ 눈(目)이 망(亡)했다는 데서 시력을 잃은 것을 나타내어 장님 맹 盲

文盲 wénmáng 명 문맹. 까막눈이.
▶ 눈이 있어도 문자(文)를 보고 전혀 모르니 장님(盲)과 다를 바 없다는 데서 문맹 文盲
예 现在的文盲越来越少了。 현재의 문맹은 갈수록 줄어들고 있다.

色盲 sèmáng 명 색맹.

盲目 mángmù 형 맹목적인. 무작정인.
예 不要盲目地相信别人。 맹목적으로 남을 믿지 마세요.

28

見 = 见 * (볼 견)
발(儿) 위에 눈(目)을 얹어 보고 있는 모습을 강조해서 만든 글자.

> **Tip** 看과 见은 모두 '보다'의 뜻을 가지고 있어 같이 쓰이기는 하나 看은 눈(目) 위에 손(手)을 대고 보고 있으므로 주로 '보다'로 쓰이고 见(=見)은 발로(儿) 가서 눈(目)으로 보는 것으로 주로 '만나다'에 쓰인다.

见面 jiànmiàn 동 만나다. 대면하다.
예 我们什么时候见面? 우리 언제 만나요?

参观 cānguān 동 (전람회·공장·명승고적 등을) 참관하다. 견학하다.
예 我想参观一下博物馆。 나는 박물관을 참관하고 싶다.

연결하기

参加 cānjiā 동 참가하다. 가입하다. 참석하다. 출석하다.

> **Tip** 参观은 주로 보는 방면에 쓰여 '견학하다', '구경하다', '참관하다'의 뜻으로 쓰이고 参加는 생일파티, 경기, 결혼식, 회의 등에 손님이나 선수의 입장으로 참석하거나 참가하는 것으로 쓰인다.
> 예 欢迎你来参加我的婚礼。 제 결혼식에 참석해 주신 것을 환영합니다.

見

观察 guānchá 동 (사물·현상 등을) 관찰하다. 살피다.

▶ 손(又)으로 만져보며 눈으로 보는(見=见) 데서 볼 관 观
▶ 집(宀)에서 제사(祭)를 지낼 때 제사 음식을 살피는 데서 살필 찰 察

观点 guāndiǎn 명 관점. 견지. 견해.

예 我支持zhīchí他的观点。 나는 그의 견해를 지지한다.

观众 guānzhòng 명 관중. 구경꾼. 시청자.

▶ 사람(人)의 무리가 많음을 나타내기 위해 사람 인 세 개로 무리 중 众*
예 今天来的观众很多。 오늘 오신 관중이 매우 많다.

悲观 bēiguān 형 비관하다. 비관적이다.

▶ 음(音)은 非(비)에서 가져오고, 마음(心=忄)이 슬픈 데서 슬플 비 悲
예 做任何事都不要太悲观。 어떤 일을 하든지 간에 너무 비관하지는 마라.

28

客观 kèguān [형] 객관적이다.

예) 你要客观地看待这个问题。 당신은 이 문제를 객관적으로 봐야 합니다.

연결하기 ↙

이름 명(名) / 손님 객(客) / 바깥 외(外) / 곳 처(处)

- **名字** míngzi [명] 성과 이름. 성명. (사물의) 명칭.

- **客人** kèrén [명] 손님. 고객. 방문객.

- **外面** wàimian [명] 바깥. 밖. 겉면.

- **处理** chǔlǐ [동] 처리하다. (문제를) 해결하다. (사물을) 안배하다.

  예) 这件事情由你来处理。 이 일은 당신이 처리하세요.

现在 xiànzài [명] 현재. 지금.

▶ 구슬(玉=王)을 닦아내면 무늬가 보이는(見=见) 데서 나타날 현 现

现代 xiàndài [명] 현대.

예) 现代生活的压力太大了。 현대 생활의 스트레스는 너무 크다.

现金 xiànjīn [명] 현금.

예) 我想用现金结帐 jiézhàng。 저는 현금으로 결제하고 싶어요.

现实 xiànshí [명] 현실. [형] 현실적이다.

예) 现实生活中没有这么浪漫 làngmàn 的事。
현실 생활에서 이렇게 낭만적인 일은 없다.

现象 xiànxiàng [명] 현상.

예) 任何事都不要看表面现象。 어떤 일이든 겉으로 드러난 현상을 봐서는 안 된다.

29

月＝肉 **(달 월, 고기 육)**
초승달과 썰어놓은 고기 덩어리의 결 모양을 본뜬 글자.

Tip 月＝肉은 달이나 고기, 사람의 몸과 관련한 한자에 많이 쓰인다.

月亮 yuèliang [명] 달.*

▶ 높은(高) 곳에서 발(儿)을 들고 보면 똑똑히 보이므로 밝을 량 亮

[예] 今天晚上没有月亮。 오늘 저녁에는 달이 없다.

― 연결하기 ―

| 漂亮 piàoliang [형] 예쁘다. 아름답다.
  ▶ 음(音)은 票(표)에서 가져오고, 예쁜 여자는 피부가 촉촉(氵=水)하고 밝게(亮) 빛나니 예쁘다 漂亮

愿望 yuànwàng [명] 희망. 소망. 바람. 소원.

▶ 음(音)은 原(원)에서 가져오고, 마음(心=忄)으로 원하니 원할 원 愿
▶ 음(音)은 亡(망)에서 가져오고, 달(月)을 보며 왕(王)이 되기를 바라는 데서 바랄 망 望

[예] 你的愿望是什么？ 당신의 소망은 무엇입니까?

希望 xīwàng [동] 희망하다. 바라다. [명] 희망. 소망. 바람. 소원.

[예] 我希望你明天能来。 나는 네가 내일 올 수 있었으면 좋겠다.

29

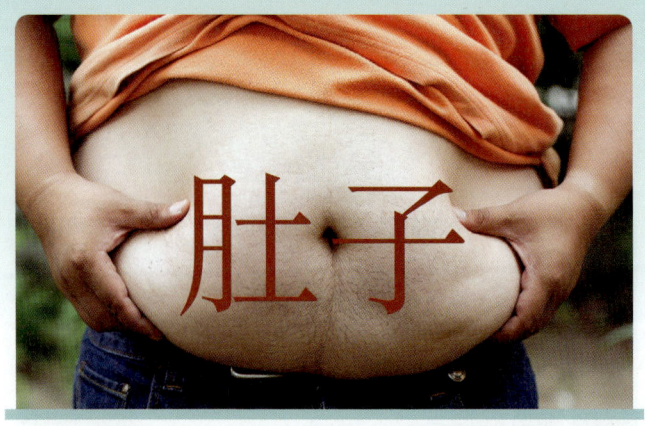

背 bèi 명 등. (사물의) 뒷면.

▶ 사람이 등을 맞댄 모양인 北(배)에 살(月=肉)을 더해 등 배 背

背景 bèijǐng 명 배경. 뒷 배경.

▶ 볕(日)이 서울(京)을 비추면 아름다운 경치를 다 볼 수 있으니 볕 경 景

예 我要改变gǎibiàn一下电脑diànnǎo背景。 나는 컴퓨터 배경을 바꾸려고 한다.

연결하기

| 风景 fēngjǐng 명 풍경. 경치.
  예 我们欣赏一下这里的风景吧。 우리 여기의 풍경을 감상합시다.

| 夜景 yèjǐng 명 야경.
  예 上海的夜景很漂亮。 상하이의 야경은 정말 아름답다.

| 雪景 xuějǐng 명 설경. 눈이 내리는 경치.
  예 冬天的时候去北方看雪景。 겨울에 북방에 설경을 구경하러 갈 거야.

脖子 bózi 명 목.

肚子 dùzi 명 배. 복부.*

▶ 사람의 살(月=肉) 중 가장 토지(土)처럼 넓은 면적을 가진 곳이니 배 두 肚

月

脚 jiǎo 명 발.

腿 tuǐ 명 다리.
▶ 음(音)은 退(퇴)에서 가져오고, 살(月=肉)을 더해 넓적다리 퇴 腿
예 你的腿真长啊。 너 다리 진짜 길다.

───── 연결하기 ─────

退步 tuìbù 동 퇴보하다. 뒷걸음치다. 후퇴하다. 낙오하다.

后退 hòutuì 동 후퇴하다. 뒤로 물러나다. 퇴각하다.
예 你再后退一步。 다시 한 걸음 뒤로 물러나 주세요.

退休 tuìxiū 동 퇴직하다. 퇴임하다. 은퇴하다.
▶ 사람(人)이 나무(木) 그늘에서 쉰다는 데서 쉴 휴 休
▶ 일에서 물러나(退) 쉬니(休) 퇴직하다 退休
예 爸爸今年退休了。 아버지가 올해 퇴직하셨다.

腰 yāo 명 허리.
▶ 음(音)은 要(요)에서 가져오고, 살(月=肉)을 더해 중요한(要) 허리를 나타내는 데서 허리 요 腰*

───── 연결하기 ─────

重要 zhòngyào 형 중요하다.

29

脸 liǎn 명 얼굴.*

예) 你的脸怎么这么红? 당신은 얼굴이 왜 이렇게 빨개요?

---- 같이 Tip +

变脸 biànliǎn 동 안색을 바꾸다. 태도를 바꾸다. 불쾌한 표정을 짓다.
동 (쓰촨(四川) 지방의 전통극에서) 배우가 신속하게 얼굴 분장을 바꾸다. 변검(变脸)하다.

▶ 얼굴(脸)이 계속 변하니(变) 변검하다 变脸

예) 你看过四川变脸吗? 당신은 쓰촨 변검을 보신 적이 있나요?

Tip 변검은 중국 쓰촨성(四川省) 지방의 전통극 천극(川剧)에서 볼 수 있는 특수한 가면 연기 기술로 등장인물의 감정 변화와 독특한 개성을 얼굴에 나타내는 얼굴 분장이다. 이 공연기법은 고도의 숙련된 기술이 필요하며 얼굴에 손을 안 대고 순식간에 가면을 바꾸는 마술이자 예술이다.

脸色 liǎnsè 명 안색. 얼굴색. 기색. 혈색.

예) 他今天的脸色不太好。 그는 오늘 안색이 별로 좋지 않다.

皮肤 pífū 명 피부.

▶ 손(又)으로 가죽을 벗기는(广) 데서 가죽 피 皮
▶ 음(音)은 夫(부)에서 가져오고, 살(月=肉)을 더해 살갗 부 肤

예) 她的皮肤很白。 그녀의 피부는 매우 하얗다.

月

皮肤病 pífūbìng 몡 피부병.

▶ 뜻을 나타내는 疒(병상에 드러누운 모양)에 음(音)을 나타내는 丙(병)을 합하여 병 병 病

예 皮肤病最不好治。 피부병은 치료하기가 가장 어렵다.

---연결하기---

| 皮鞋 píxié 몡 가죽 구두.
▶ 가죽(革)으로 만든 신발을 신고 흙(土)을 밟는 데서 신 혜 鞋

| 疲劳 píláo 혱 피곤하다. 피로하다. 지치다.
▶ 피곤하고 아프면(疒) 피부(皮)가 거칠고 좋지 않은 데서 피곤할 피 疲
▶ 풀(艹)을 뜯고 힘(力)을 쓰며 노동하는 데서 일할 노 劳
예 今天我太疲劳了。 오늘 나는 너무 피곤하다.

胳膊 gēbo 몡 팔.

▶ 음(音)은 各(각)에서 가져오고, 살(月=肉)을 더해 팔 각 胳
▶ 음(音)은 尃(박)에서 가져오고, 살(月=肉)을 더해 팔뚝 박 膊

예 你的胳膊怎么了？ 당신 팔이 왜 그래요?

---연결하기---

| 博士 bóshì 몡 박사. 박사학위.

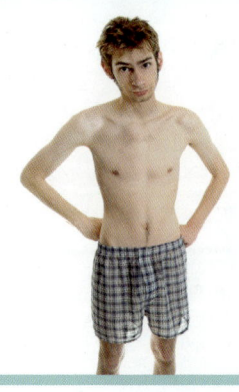

肩膀 jiānbǎng 명 어깨.

▶ 門(문)의 반쪽을 본떠서 한 짝으로 된 문을 나타내는 데서 문 호 戶
▶ 문짝(戶)처럼 넓은 어깨의 모양에 살(月=肉)을 더해 어깨 견 肩

예) 他的肩膀很宽。 그는 어깨가 매우 넓다.

胖 pàng 형 뚱뚱하다. 살이 찌다.

▶ 몸의 반(半)이 다 비계살(月=肉)이니 뚱뚱하다는 데서 살찔 반 胖*

예) 我最近有些胖了。 나는 최근에 살이 좀 쪘다.

---- 같이 Tip +

瘦 shòu 형 여위다. 마르다.

▶ 음(音)은 叜(수)에서 가져오고, 몸이 아프면(疒) 계속 살이 빠지고 수척해지니 여윌 수 瘦*

예) 你最近瘦了很多。 당신은 최근에 살이 많이 빠졌어요.

减肥 jiǎnféi 동 살을 빼다. 체중을 줄이다. 감량하다.

▶ 사람, 동물, 토질이 살이 찌고 비옥함을 나타내는 데서 살찔 비 肥

예) 我现在正在减肥呢。 나는 현재 다이어트를 하고 있다.

肥胖 féipàng 형 뚱뚱하다. 비만이다.

예) 现在肥胖的孩子越来越多。 현재 비만인 아이가 점점 더 많아지고 있다.

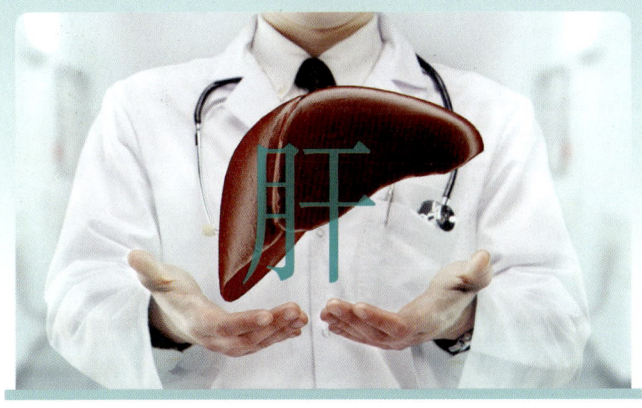

肝 gān 명 간. 간장.

▶ 음(音)은 干(간)에서 가져오고, 사람 몸의 장기와 관련된 것에는 육달월(月=肉)을 주로 쓰는 데서 간 간 肝*

胃 wèi 명 위. 위장.

▶ 田(전)은 위장 안에 음식이 들어있는 모양이고 여기에 육달월(月=肉)을 더해 밥통 위 胃

肺 fèi 명 폐. 허파.

▶ 몸(月=肉)에서 호흡을 맡고 있는 시장(市)통처럼 바쁜 곳이니 허파 폐 肺

예 空气污染对肺不好。 공기 오염은 폐에 좋지 않다.

脑 nǎo 명 뇌.

예 多吃什么对脑好? 무엇을 많이 먹으면 뇌에 좋을까?

电脑 diànnǎo 명 컴퓨터.

▶ 비 올 때 번갯불이 지지직 번쩍번쩍 거리는 모양인 데서 번개 전 电
▶ 살이나 오장육부에는 육달월(月=肉)이 들어가며 골통뼈인 머리 모양(凶)과 정수리 윗부분의 머리털(亠)을 합하여 뇌 뇌 脑

29

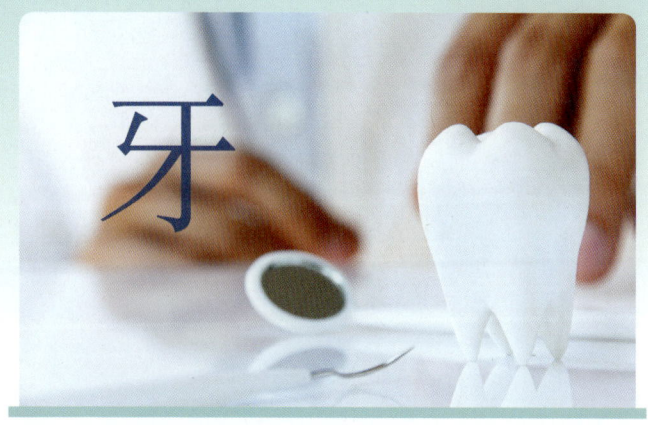

脑袋 nǎodai 명 (사람이나 동물의) 뇌. 머리(통).

▶ 음(音)을 나타내는 代(대)에 옷(衣=衤)과 같은 천으로 만든 자루 대 袋

예 他的脑袋被撞zhuàng了一下。 그는 머리를 부딪쳤다.

香肠 xiāngcháng 명 소시지.

▶ 잘 익은 벼(禾)를 삶을 때 나는 좋은 향기에서 향기 향 香
▶ 음(音)은 昜=疡(장)에서 가져오고, 사람 몸의 장기와 관련된 것에는 육달월(月=肉)을 주로 쓰는 데서 창자 장 肠

牙膏 yágāo 명 치약.

▶ 상하 서로 물고 있는 치아의 모양을 나타낸 데서 어금니 아 牙*
▶ 음(音)은 高(고)에서 가져오고, 굵은 살(月=肉)에 붙이는 끈끈한 연고인 데서 기름 고 膏
▶ 치아(牙)에 바르는 연고(膏)처럼 생긴 것이니 치약 牙膏

牛肉 niúròu 명 쇠고기. 소고기.

猪肉 zhūròu 명 돼지고기.

月

肌肉

鸡肉 jīròu 명 닭고기.
▶ 손(又)으로 잡아서 음식을 해 먹기 위해 집에 기르는 새(鳥=鸟)이니 닭 계 **鸡**

肌肉 jīròu 명 근육.*
▶ 음(音)은 几(기)에서 가져오고, 살(月=肉) 가죽이 근육인 데서 살가죽 기 **肌**
예 他有很多肌肉。 그는 근육이 많다.

羊肉 yángròu 명 양고기.
▶ 양의 머리를 본뜬 글자인 양 양 **羊**

羊肉串儿 yángròuchuànr 명 양(고기) 꼬치구이.
▶ 여러 조각의 고기(呂)를 꼬챙이(ㅣ)로 꿰었으니 꼬챙이 찬 **串**

같이 Tip +

患者 huànzhě 명 환자. 병자.
▶ 꼬챙이(串)로 찔러대듯 아픈 마음(心=忄)에 걱정이 생기는 근심이니 근심 환 **患**
예 今天来医院的患者很多。 오늘 병원에 온 환자가 아주 많다.

忠诚 zhōngchéng 형 충성하다. 충실하다.

30

力 (힘 력)
팔힘을 주었을 때 근육이 올라 온 모양을 본뜬 글자.

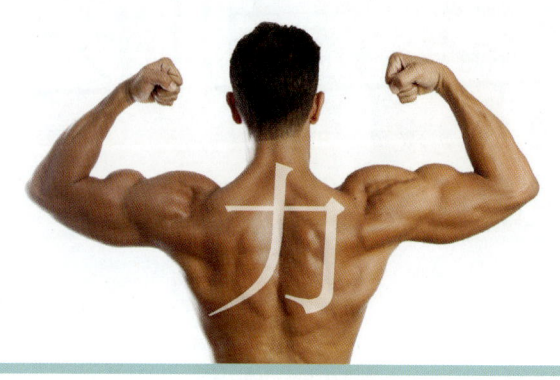

力气 lìqi 명 힘.
예) 别看他瘦，力气可不小。 그 사람은 몸이 말랐지만, 힘은 대단히 세다.

力量 lìliang 명 힘. 능력. 역량.
예) 一个人的力量是有限的。 한 개인의 역량에는 한계가 있다.

努力 nǔlì 동 노력하다. 힘쓰다. 열심히 하다.
▶ 노예(奴)는 힘(力)을 써서 일하니 힘쓸 노 努
예) 你一定要努力工作。 당신은 반드시 열심히 해야 합니다.

动力 dònglì 명 (일·사업 등을 추진시키는) 동력. 원동력.
예) 你的鼓励gǔlì是我最大的动力。 당신의 격려가 저의 가장 큰 원동력입니다.

魅力 mèilì 명 매력.
▶ 음(音)은 未(미 → 매)에서 비슷하게 가져오고, 귀신(鬼)에게 홀리듯 매혹되니 매혹할 매 魅

力

연결하기 ↙

| 妹妹 mèimei 〖명〗 여동생. 누이동생.

| 未来 wèilái 〖명〗 미래. 향후.
  〖예〗 你想过自己的未来吗? 당신은 자신의 미래를 생각해본 적이 있습니까?

| 未婚 wèihūn 〖형〗 미혼의. 결혼하지 않은.
  〖예〗 我目前是未婚. 저는 현재 미혼입니다.

| 味道 wèidao 〖형〗 맛. 냄새.
  〖예〗 这道菜的味道怎么样? 이 음식의 맛은 어떻습니까?

历史 lìshǐ 〖명〗 역사. 역사적 기록.
▶ 중립(中)적인 입장에 선 사람(人)이 역사를 쓰니 역사 사 **史**

学历 xuélì 〖명〗 학력.

疲劳 píláo 〖형〗 피곤하다. 피로하다. 지치다.
▶ 피곤하고 아프면(疒) 피부(皮)가 거칠고 좋지 않은 데서 피곤할 피 **疲***

劳动 láodòng 〖명〗 일. 노동. 〖동〗 육체 노동을 하다.
▶ 음(音)은 云(운)에서 가져오고, 옮기고 움직여(辶)다니니 옮길 운 **运**
▶ 풀(艹)을 뜯고 힘(力)을 쓰며 노동하는 데서 일할 노 **劳**

动物 dòngwù 명 동물.

▶ 음(音)은 勿(물)에서 가져오고, 세상만물 중 소(牛=牜)만한 물건이 없다 해서 물건 물 物
▶ 움직이는(动) 사물(物)은 동물인 데서 动物

运动 yùndòng 명 운동. 스포츠.*

▶ 힘(力)으로 물건을 들어 움직이는 데서 움직일 동 动

动作 dòngzuò 동 움직이다. 행동하다. 명 동작. 행동. 움직임. 몸놀림.

예 这个演员的动作很帅。 이 배우의 동작은 너무 멋있다.

动画片 dònghuàpiàn 명 만화영화. 애니메이션.

▶ 움직이는(动) 그림(画)으로 된 영화(片)인 데서 만화영화 动画片

같이 Tip ✚

| 影片 yīngpiàn 명 영화. 영화 필름.
  예 这部影片讲的是什么故事？ 이 영화가 말하고 있는 것은 무슨 스토리입니까?

| 爱情片 àiqíngpiàn 명 애정영화. 멜로영화.
  예 这部爱情片很感人。 이 멜로영화는 매우 감동적이다.

| 恐怖片 kǒngbùpiàn 명 공포영화. 호러영화.
  예 我一点儿也不想看恐怖片。 나는 공포영화를 전혀 보고 싶지 않다.

| 记录片 jìlùpiàn 명 기록영화. 다큐멘터리.
  예 这是一部战争zhànzhēng记录片。 이것은 전쟁 기록영화이다.

31

己 (몸 기)
사람이 몸을 구부리고 엎드려 있는 모양.

自己 zìjǐ [대] 자기. 자신. 스스로.

Tip 몸 기(己), 이미 이(已), 뱀 사(巳): 이미 이(已)는 몸 기(己)보다 한 쪽이 살짝 더 올라가 있고, 뱀 사(巳)는 이미 이(已)보다 더 올라가 상단 가로획과 완전히 닿아있음을 주의한다.

— 연결하기 ↙

已经 yǐjīng [부] 이미. 벌써.
▶ 몸을 사리고 꼬리를 든 뱀(巳)의 목을 이미(已) 쳐냈으니 이미 이 **已**

改 gǎi [동] 고치다. 바꾸다. 달라지다. 변화시키다. 변경하다. 바로잡다.
▶ 자신(己)을 회초리 든 손(攵=攴)으로 때리면서 허물을 고치니 고칠 개 **改***
[예] 我把文件再改一下。 제가 문서를 다시 좀 수정하겠습니다.

改正 gǎizhèng [동] (잘못·착오 등을) 개정하다. 시정하다.
[예] 你必须改正坏习惯。 당신은 반드시 나쁜 습관을 고쳐야 합니다.

31

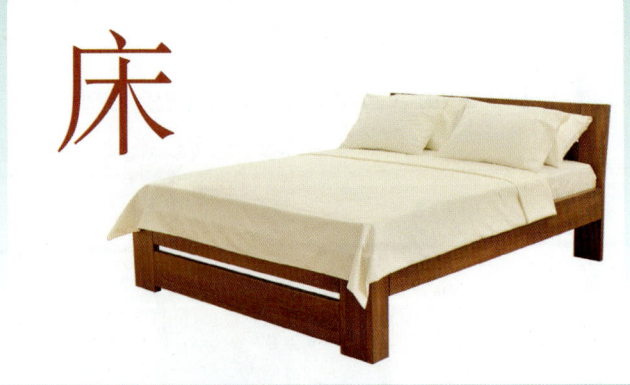

修改 xiūgǎi 동 (원고를) 고치다. 수정하다.

起床 qǐchuáng 동 (잠자리에서) 일어나다.
- 걸으려고(走) 몸(己)을 일으키니 **일어날 기 起**
- 집(广)에 있는 바닥보다는 한 층 더 높은 나무(木)로 만든 평상, 또는 침대이니 **평상 상 床***

예 你今天几点起床的? 당신은 오늘 몇 시에 일어났습니까?

起来 qǐlai 동 (잠자리에서) 일어나다. 일어서다. 일어나 앉다.

예 我一会儿再起来。 나 조금만 있다가 일어날게요.

起飞 qǐfēi 동 (비행기·로켓 등이) 이륙하다.
- 일어나(起) 날아(飞) 오르니 **이륙하다 起飞**

예 我到那儿的时候，飞机已经起飞了。
내가 그곳에 도착했을 때 비행기는 이미 이륙했다.

记 jì 통 기억하다. 명심하다. 암기하다.

▶ 말(言=讠) 중에 자신(己)에게 필요한 부분을 기록하거나 기억하니 기록할 기 记*

예 这些单词我记不住。 이 단어들을 못 외우겠어요.

记录 jìlù 동 기록하다. 명 기록.

记者 jìzhě 명 기자.

记得 jìde 동 기억하고 있다.

记忆力 jìyìlì 명 기억력.

▶ 음(音)은 乙(yi)에서 가져오고, 마음(忄=心)에 새겨 기억하는 데서 기억할 억 忆

예 我的记忆力越来越差了。 내 기억력이 갈수록 나빠지고 있다.

───── 연결하기 ⚞

| 亿 yì 수 억.

32

弓 (활 궁)
가운데가 불룩하게 굽은 활의 모양을 본뜬 글자.

引起 yǐnqǐ [동] (주의를) 끌다. 야기하다. 불러 일으키다.

▶ 활(弓) 시위에 화살(丨)을 걸고 쭉 잡아당기니 당길 인 **引**＊

[예] 这个新闻引起了大家的兴趣。 이 뉴스는 모두의 관심을 불러일으켰다.

吸引 xīyǐn [동] 흡인하다. 잡아 끌다. 끌어당기다. 매료(매혹)시키다.

[예] 这个活动吸引了很多人。 이 행사는 많은 사람들을 매료시켰다.

---- 연결하기 ----

呼吸 hūxī [동] 호흡하다. 숨을 쉬다.

▶ 숨을 입(口)으로 호(乎) 하고 내쉬니 부를 호 **呼**
▶ 입(口)으로 숨이 폐에 미치(及)도록 '흡'하고 들이 마시니 마실 흡 **吸**

[예] 做呼吸运动对身体也不错。 숨쉬기 운동은 몸에도 좋다.

弓

弾 tán 동 (악기를) 타다. 치다. 뜯다. 연주하다. (손가락을) 튕기다.
▶ 음(音)은 单(단 → 탄)에서 비슷하게 가져오고, 활(弓)로 튕기는 데서 탈 탄 **弾***
예) 你用手指弾一下。 손가락으로 튕겨 보세요.

弾钢琴 tán gāngqín 피아노를 치다
▶ 음(音)은 冈(강)에서 가져오고, 쇠(金=钅)를 더해 강철 강 **钢**
▶ 거문고의 몸통을 자른 면을 본떠서 거문고 금 **琴**
▶ 피아노의 내부에는 강철(钢)로 만든 거문고 줄(琴) 같은 것이 있으니 피아노 **钢琴**
▶ 건반을 튕기며 (弾) 피아노를 치니 **弾钢琴**
예) 你学过弾钢琴吗？ 당신은 피아노를 배운 적이 있습니까?

33

犭 = 犬 (개 견)
개의 옆 모습을 본뜬 글자.

臭

> Tip 犭은 '개사슴록변'이라 하고 한자의 왼쪽에 쓰이며 '개'를 나타내거나 기타 여러 가지 '동물'을 나타낼 때 쓰인다.

臭 chòu 〔형〕 (냄새가) 지독하다. 구리다. 역겹다.

▶ 코(自) 바로 밑에 개(犬)가 있으면 냄새가 나니 냄새 취 臭*

예) 臭豆腐闻起来很臭。 취두부(발효두부)는 냄새가 아주 지독하다.

> Tip 스스로 자(自)는 원래 사람의 코의 모양을 본뜬 글자인데 사람들이 코를 가리켜 자기를 나타내면서 '스스로'라는 뜻으로 쓰이기 시작했다. 후에 코를 나타내는 鼻(비)란 글자가 생겼다.

―― 연결하기 ―――

| 鼻子 bízi 〔명〕 코.

哭 kū 〔동〕 (소리내어) 울다.

▶ 개(犬)가 입(口)으로 소리내어 울부짖는 것에서 사람이 우는 것으로 변해서 울 곡 哭

讨厌 tǎoyàn 〔동〕 싫어하다. 미워하다.

▶ 굴(厂) 안에 갇히면 개(犬)도 싫어하니 싫어할 염 厌

突然 tūrán 〔부〕 갑자기. 문득. 난데없이. 느닷없이.

▶ 개(犬)가 구멍(穴)에서 갑자기 뛰어나오는 데서 갑자기 돌 突
▶ 개(犬)고기(月=肉)를 불(火=灬)에 구워 먹는 것은 당연히 그러하니 그럴 연 然

〔예〕 她怎么突然哭了？ 그녀는 왜 갑자기 울어요?

突出 tūchū 〔형〕 돌출하다. 두드러지다. 돋보이다. 뛰어나다.

〔예〕 他今天表现得很突出。 그는 오늘 아주 돋보이게 잘 했다.

沉默 chénmò 〔동〕 침묵하다. 말을 하지 않다.
〔형〕 과묵하다. 말이 적다. 입이 무겁다. 조용하다.

▶ 캄캄한(黑) 밤에는 개(犬)도 입을 다물고 있으니 잠잠할 묵 默*

〔예〕 他是一个很沉默的人。 그는 과묵한 사람이다.

幽默 yōumò 〔형〕 유머(humor)러스한.

Tip 한자의 뜻과는 전혀 관계가 없으며 단지 외래어를 음역한 것이다.

〔예〕 他说话很幽默。 그는 말하는 것이 매우 유머러스하다.

小狗 xiǎogǒu 〔명〕 강아지.

▶ 개(犭=犬)에 음(音)을 나타내는 句(구)를 합하여 개 구 狗

33

小猫 xiǎomāo 명 새끼 고양이.

▶ 짐승(犭=犬)을 나타내는 부(部)와 음(音)을 나타내는 苗(묘)가 합하여 고양이 묘 猫

---- 연결하기 ----

苗 miáo 명 묘목. (새)싹. 새로 돋은 잎.
▶ 밭(田)에 싹(艹)이 나니 싹 묘 苗*

苗条 miáotiao 형 (여성의 몸매가) 아름답고 날씬하다. 호리호리하다.
▶ 밭에 난 싹(苗)처럼 가늘고 길고(条) 여리고 호리호리한 데서 날씬하다 苗条
예 她的身材很苗条。그녀의 몸매는 아주 날씬하다.

描写 miáoxiě 동 묘사하다. 그려 내다.
▶ 음(音)은 苗(묘)에서 가져오고, 손(扌=手)으로 그리고 묘사하는 데서 그릴 묘 描
예 感情很难用言语来描写。감정은 언어로 묘사하기 매우 어렵다.

狮子 shīzi 명 사자.

▶ 짐승(犭=犬)을 나타내는 부(部)와 음(音)을 나타내는 师(사)가 합하여 사자 사 狮

---- 연결하기 ----

老师 lǎoshī 명 선생님. 스승.

帅 shuài 형 잘생기다. 멋지다.

Tip 먼저 '스승 사(师)'를 외우고 '한 일(一)'을 제외한 帅를 암기하면 효과적이다.

猴子 hóuzi 명 원숭이.

▶ 짐승(犭=犬)을 나타내는 부(部)와 음(音)을 나타내는 侯(후)가 합하여 **원숭이 후 猴**

猪 zhū 명 돼지.

▶ 음(音)은 者(자→저)에서 비슷하게 가져오고, 짐승(犭=犬)을 더해 **돼지 저 猪***

猪八戒 Zhūbājiè 명 저팔계. [《서유기(西游記)》속의 인물]

예 我喜欢看《西游记》里的猪八戒。 나는 《서유기》의 저팔계를 보는 것을 좋아한다.

孤独 gūdú 형 고독하다. 외롭다.

▶ 부모를 잃고 의지할 곳 없는 아이(子)와 넝쿨에 오이(瓜) 하나가 열려 있는 모습에서 **외로울 고 孤**

▶ 개(犭=犬)와 벌레(虫)는 서로 어울리지 못해서 홀로 지내니 **홀로 독 独**

单独 dāndú 부 단독으로. 혼자서

예 我想跟你单独谈谈。 저는 당신과 단독으로 이야기하고 싶습니다.

独立 dúlì 동 독립하다. 홀로 서다.

예 这几家公司都是从一个总公司独立出来的。
이 몇 개의 회사들은 모두 한 본사에서 독립되어 나온 것이다.

34

馬 = 马* (말 마)
말의 머리와 갈기, 꼬리, 네 다리를 본뜬 글자.

马上 mǎshàng 〔부〕 곧. 즉시. 바로. 금방.
〔예〕 活动马上就要开始了。 이벤트가 곧 시작된다.

马路 mǎlù 〔명〕 자동차 도로. 찻길. 대로.
▶ 옛날에는 말이 곧 교통수단이었으므로 말(馬=马)이 다니는 길(路)은 도로 马路*

〔예〕 我在马路对面等你。 나는 도로 맞은편에서 너를 기다릴게.

过马路 guò mǎlù 길을 건너다.

> **Tip** 过는 동사 뒤에 놓여 '~한 적이 있다'의 동태조사로 쓰일 때는 경성으로 읽지만 '가다, 건너다, 지나다, 보내다' 등 뜻이 있는 동사로 쓰일 때는 4성으로 읽는 것에 주의한다.

〔예〕 从这儿过马路就能看到地铁站。
여기서 길을 건너면 지하철역을 볼 수 있을 거예요.

妈妈 māma 〔명〕 엄마.
▶ 음(音)은 馬=마(마)에서 가져오고, 엄마는 여자(女)이니 어머니 마 妈

馬

骂 mà 동 욕하다. 질책하다. 꾸짖다. 따지다.

▶ 말(馬=马)이 말을 듣지 않아 입(口)으로 꾸짖어서 꾸짖을 매 **骂**

예 不要骂他，这不是他的错。 그를 나무라지 마세요. 이것은 그의 잘못이 아니에요.

吗 ma 조 문장 끝에 쓰여 의문의 어기를 나타냄.

같이 Tip ✚

어기조사 혹은 감탄사에는 뜻과 관계없이 음만 가져오고 입구(口)를 더하는 경우가 많다.

| 呢 ne 조 의문, 진행이나 지속, 확정적인 어기 등을 나타냄.

| 啊 a 조 어기를 부드럽게 완화시켜 주며 어기를 잠시 멈추게 하는 역할을 함.

| 呀 ya 조 어기조사 啊가 앞음절의 모음(a・e・i・o・u)로 끝날 때 呀를 사용함.

| 嘛 ma 조 서술문 뒤에 쓰여 당연함을 나타냄.

| 吧 ba 조 권유나 명령, 추측, 동의 등의 어기를 나타냄.

| 啦 la 조 '了(・le)'와 '啊(・a)'의 합음사로 양자의 의미를 겸유함.

| 哦 ó 감 (놀람・반신반의를 나타내어) 어! 어머! 어허!

34

骑马 qímǎ 동 말을 타다. 말을 몰다.

▶ 말을 걸터탄 모습(奇)에 말(馬=马)을 한 번 더 더해 **말 탈 기 骑**＊

연결하기

奇怪 qíguài 형 기이하다. 이상하다.
예 我突然听到了很奇怪的声音。 나는 문득 이상한 소리를 들었다.

好奇 hàoqí 형 호기심을 갖다. 궁금하게(이상하게) 생각하다.
예 大家都很好奇他在做什么。 모두 그가 무엇을 하는지 궁금해한다.

好奇心 hàoqíxīn 명 호기심.
예 这个新闻引起了我们的好奇心。 이 뉴스는 우리의 호기심을 불러일으켰다.

椅子 yǐzi 명 의자.
예 你能把椅子推过来一下吗? 의자를 좀 밀어주실 수 있나요?

寄信 jìxìn 동 (우편으로) 편지를 부치다.

▶ 옛날에는 말을 탄(奇) 사람이 남의 집(宀)에 들어가는 것은 주로 편지를 주기 위함에서 **부칠 기 寄**
▶ 사람(亻=人)이 하는 말(言=讠)이 거짓이 없으니 믿을만하여 **믿을 신 信**
예 最近寄信的人越来越少了。 최근 편지를 부치는 사람이 갈수록 줄어든다.

馬

연결하기 ↙

중국어에서 信은 주로 '믿다' 혹은 '편지'의 의미로 쓰인다.

| 相信 xiāngxìn 통 믿다. 신임하다. 신뢰하다.
  예) 我相信你一定能做好。 나는 네가 반드시 잘 할 수 있을 거라고 믿는다.

| 写信 xiě xìn 편지를 쓰다.
  예) 写电子邮件比写信方便fāngbiàn多了。 이메일이 편지보다 훨씬 편리하다.

| 信用卡 xìnyòngkǎ 명 신용카드.
  예) 我把信用卡的密码mìmǎ忘了。 나는 신용카드 비밀번호를 잊어버렸다.

驾驶 jiàshǐ 통 (자동차·선박·비행기 등을) 운전하다. 조종하다.

▶ 음(音)은 加(가)에서 가져오고, 말(馬=马)을 타고 조종하는 데서 탈 가 **驾***
▶ 음(音)을 나타내는 글자 史(사)에 말(馬=马)을 더하여 달릴 사 **驶**

예) 这个司机sījī的驾驶技术非常好。 이 운전사의 운전 기술은 굉장히 좋다.

34 馬 말마

35

羊 (양 양)
양의 머리를 본뜬 글자.

羊肉 yángròu 명 양고기.

羊肉串儿 yángròuchuànr 명 양고기 꼬치구이.
▶ 고깃덩어리를 꼬챙이에 꽂아 놓은 모양에서 꼬챙이 찬 串*

연결하기

患者 huànzhě 명 환자. 병자.
▶ 꼬챙이(串)로 찔러대듯 아픈 마음(心=忄)에 걱정이 생기는 근심이니 근심 환 患

美 měi 형 아름답다. 예쁘다. 곱다. 어여쁘다.
▶ 옛날에 양(羊)은 신에게 바치는 신성한 제물로서 특히 존중되었는데 크고(大) 아름다운 양을 골라 제사에 바친 데서 아름다울 미 美

养 yǎng 동 부양하다. 양육하다. 기르다.
▶ 养의 번체자는 養(양)인데 양(羊)에게 먹을 것(食)을 주는 데서 기를 양 养
예 你养过小狗吗? 당신은 강아지를 키워본 적이 있습니까?

羊

养育 yǎngyù 동 기르다. 양육하다. 기르고 교육시키다.
- 예) 养育孩子很辛苦。 아이를 키운다는 것은 매우 힘들다.

养成 yǎngchéng 동 습관이 되다. 길러지다.
- 예) 习惯是慢慢养成的。 습관은 천천히 길러진다.

样子 yàngzi 명 모양. 모습. 꼴. 형태.
- ▶ 음(音)은 양(羊)에서 가져오고, 나무(木)로 본을 떠 모양을 만드는 데서 모양 양 样
- 예) 他睡觉的样子很可爱。 그가 잠자는 모습이 매우 귀엽다.

海洋 hǎiyáng 명 해양. 바다. 근해와 원양.
- ▶ 음(音)은 양(羊)에서 가져오고, 바다는 물(氵= 水)로 형성되어 있으니 큰 바다 양 洋*
- 예) 这个城市是海洋性气候。 이 도시는 해양성 기후이다.

远洋 yuǎnyáng 명 원양.
- ▶ 음(音)은 원(元)에서 가져오고, 움직임을 나타내는 책받침(辶)으로 멀리 갔다는 데서 멀 원 远

35

氧气 yǎngqì 명 산소.

▶ 음(音)은 양(羊)에서 가져오고, 기운 기(气)를 더하여 산소를 나타내니 산소 양 氧

예) 氧气不可缺少的。 산소는 없어서는 안 되는 것이다.

痒 yǎng 형 가렵다. 간지럽다.

▶ 음(音)은 양(羊)에서 가져오고, 가려운 것 역시 병(疒)이므로 가려울 양 痒

예) 被蚊子wénzi 咬yǎo的地方很痒。 모기한테 물린 곳이 매우 가렵다.

新鲜 xīnxiān 형 (야채·과일 등을 갓 따서) 신선하다. 싱싱하다.

▶ 서(立) 있는 나무(木)를 도끼(斤)로 베어 새로운 물건을 만드는 데서 새로울 신 新
▶ 제사에 싱싱한 양고기(羊)와 물고기(魚)를 바친 데서, 또 싱싱한 것은 그 색이 고운 데서 싱싱할 선, 고울 선 鲜*

예) 今天的海鲜很新鲜。 오늘의 해산물은 매우 신선하다.

鲜明 xiānmíng 형 (색깔이) 선명하다.

예) 这张画的色彩很鲜明。 이 그림의 색채는 매우 선명하다.

群众 qúnzhòng 명 대중. 군중. 민중.

▶ 임금(君)을 따르는 자들이 양(羊)떼처럼 무리지으니 무리 군 群
▶ 사람(人)의 무리가 많음을 나타내기 위해 사람 인 세 개로 무리 중 众

36

牛 = 牛 (소 우)
뿔이 달린 소의 머리 모양을 본뜬 글자.

牛 niú 명 소.

牛奶 niúnǎi 명 우유. 쇠젖.
▶ 뜻을 나타내는 女(여)와 음(音)을 나타내는 乃(내)가 합하여 젖 내 奶

半 bàn 수 절반. 2분의 1. 반.
▶ 소를 똑같이 나누어(八) 둘(二)로 가른(丨) 반 쪽이니 반 반 半
예 你把苹果给哥哥一半。 너 사과 반 개는 오빠 줘.

判断 pànduàn 동 판단하다. 판정하다.
▶ 칼(刂=刀)을 들고 반(半)으로 쪼갤 때 어디가 반인지 판단해야 하므로 판단할 판 判*
▶ 여러 개의 실(䜌=𢇁)을 도끼(斤)로 끊으니 끊을 단 斷
예 这件事你判断错了。 이 일은 네 판단이 틀렸다.

拌 bàn 동 뒤섞다. 버무리다. 비비다.

▶ 음(音)은 半(반)에서 가져오고, 손(扌=手)으로 휘저어 섞는 데서 뒤섞을 반 **拌**＊

예) 把材料放在一起拌一下就行了。 재료를 함께 다 넣고 비비면 된다.

拌饭 bànfàn 명 비빔밥.

예) 这家的韩式拌饭做得很正宗。 이 집은 한식 비빔밥을 아주 제대로 만든다.

牧场 mùchǎng 명 목장.

▶ 손에 막대기를 들고 소(牛=牜)를 친다(攵=攴)는 데서 칠 목 **牧**

예) 他把这家牧场经营得很好。 그는 이 목장을 아주 잘 경영하고 있다.

解决 jiějué 동 해결하다. 풀다.

▶ 칼(刀=刂)로 소(牛=牜)의 뿔(角)을 잘라 풀어헤치니 풀 해 **解**

예) 你的问题我们解决不了。 네 문제는 우리가 해결할 수 없다.

告诉 gàosu 동 말하다. 알리다.

▶ 소(牛=牜)를 제물로 바쳐 놓고 신에게 알리는(口) 데서 알릴 고 **告**

예) 这些事情你为什么不告诉我？ 이 일들을 당신은 왜 저한테 알려주지 않았습니까?

报告 bàogào 명 보고. 보고서. 리포트. 동 보고하다. 발표하다.

예 经理让你明天早上必须交报告。
사장님이 너한테 내일 아침에 반드시 보고서를 제출하라고 하셨어.

动物 dòngwù 명 동물.

▶ 음(音)은 勿(물)에서 가져오고, 세상만물 중 소(牛=牜)만한 물건이 없다는 데서 **물건 물 物**

▶ 움직이는(动) 사물(物)은 동물인 데서 **动物**

예 大家都应该保护bǎohù动物。 모두가 동물을 보호해야 한다.

植物 zhíwù 명 식물.

▶ 나무(木)를 심을 때 곧게(直) 잘 잡아 심으니 **심을 식 植***

예 如果再不下雨，这些植物就会死。
만약에 더 이상 비가 오지 않는다면, 이 식물들은 곧 죽게 될 거야.

物理 wùlǐ 명 물리(학).

예 他是著名的物理学家。 그는 유명한 물리학자이다.

36

特別 tèbié [형] 특별하다. 특이하다. [부] 유달리. 각별히. 특별히.
▶ 절(寺)에 소(牛)가 있는 것은 특별한 이유가 있다는 데서 특별한 특 **特**

件 jiàn [양] 건. 개. [일이나 옷 등을 세는 양사]
▶ 세상만물 중 사람(亻=人)에게 소(牛=牜)만한 물건이 없다는 데서 물건 건 **件**＊
[예] 我给你买的那件衣服哪儿去了？ 내가 너에게 사준 그 옷은 어디 갔니?

事件 shìjiàn [명] 사건.
[예] 最近国内发生一件重大事件。 최근 국내에 중대한 사건이 하나 발생했다.

条件 tiáojiàn [명] 조건.
[예] 我可以提一个条件吗？ 제가 조건을 하나 제시해도 되겠습니까？

37

鳥 = 鸟 (새 조)
앉아 있는 새의 옆모습을 본뜬 글자.

鸟 niǎo 명 새.
예 那颗树上有很多鸟。 저 나무 위에는 많은 새들이 있다.

岛 dǎo 명 섬.
▶ 바다 가운데 산(山)처럼 솟아 있는 섬에서 새(鳥=鸟)가 날개를 쉬니 섬 도 岛*
예 你喜欢岛上的生活吗? 당신은 섬에서의 생활을 좋아하십니까?

鸡 jī 명 닭.
▶ 새(鳥=鸟)는 새이지만 날지 못하는(又) 새이니 닭 계 鸡*

Tip 번체자 닭 계(鷄)에서 奚는 '어찌 해'로 닭은 날지 못하니 '어찌 새라고 할 수 있는가'의 의미로 해석할 수 있다.

37

小鸡 xiǎojī 명 병아리.

연결하기

小는 어린 사람, 연소자, 어린이, 아이 등을 나타내기도 하고 짐승에서는 새끼나 크기가 작음을 나타낸다.

- 小猪 xiǎozhū 명 새끼 돼지. 아기 돼지.
- 小狗 xiǎogǒu 명 강아지.
- 小老虎 xiǎolǎohǔ 명 새끼 호랑이.

鸡蛋 jīdàn 명 계란. 달걀.

▶ 疋(발 소)는 무릎 아래의 모양을 본뜬 모습이고 虫(벌레 충)은 벌레나 뱀의 모양으로 다리 사이의 알을 나타내는 데서 새알 단 蛋

같이 Tip +

- 蛋糕 dàngāo 명 케이크. 카스텔라.
  ▶ 쌀(米)가루를 불(火=灬)에 얹어 쪄서 만드는 것이니 떡 고 糕
  ▶ 계란(蛋)을 잔뜩 풀어 떡(糕)처럼 만드는 것이니 케이크 蛋糕

鸡肉 jīròu 명 닭고기.

鸟

鸭蛋　yādàn　［명］오리 알.

▶ 음(音)은 甲(갑 → 압)에서 비슷하게 가져오고, 새(鳥=鸟)인 데서 **오리 압 鸭**

烤鸭　kǎoyā　［명］오리구이.

▶ 음(音)은 考(고)에서 가져오고, 불(火=灬)에 굽는 데서 **구울 고 烤**

乌鸦　wūyā　［명］까마귀.

▶ 까마귀는 몸이 검어서 눈이 안 보이기 때문에 새(鳥=鸟)의 눈(丶) 부분을 지워내니 **까마귀 오 乌***
▶ 음(音)을 나타내는 牙(아)와 새(鳥=鸟)를 합하여 **까마귀 아 鸦**

연결하기

刷牙　shuāyá　［동］이를 닦다. 양치질하다.

▶ 어금니 모양을 본떠서 **어금니 아 牙**

［예］早晚一定要刷牙。 아침 저녁으로 반드시 양치질을 해야 한다.

乌龙茶　wūlóngchá　［명］우롱차.

Tip 녹차와 홍차의 중간적인 성질을 가진 반 발효차로 우롱차 이름의 유래는 말린 찻잎의 모습이 까마귀(乌)와 같이 까맣고 용(龙)처럼 구부러졌다하여 붙여졌다.

38

隹 (새 추)
꼬리 짧은 새의 옆모습을 본뜬 글자.

集合 jíhé 동 집합하다.
▶ 나무(木) 위에 새(隹)들이 모여 앉아 있는 데서 모일 집 **集***
예 明天早上八点集合。 내일 아침 8시에 집합이야.

集中 jízhōng 동 집중하다. 모으다. 집중시키다. 집중되다.
형 집중된. 전심전력의. 집결된.
예 上课的时候注意力要集中。 수업할 때에는 주의력을 집중해야 한다.

进 jìn 동 (밖에서 안으로) 들다.
▶ 进의 번체자는 進으로 새(隹)가 앞으로만 나아가는 움직임(辶)에서 나아갈 진 **进**
예 这个门不能同时进去两个人。 이 문은 두 명이 동시에 들어갈 수 없다.

进步 jìnbù 동 진보하다. 명 진보.
형 진보적인. 시대적 조류에 적응하는. 사회 발전을 촉진시키는.
예 他最近学习进步了。 그는 학습에 진전이 있다.

前进 qiánjìn [동] 전진하다. 앞으로 나아가다. 발전하다.
- 예) 我们要向一个方向前进。 우리들은 한 방향을 향해서 전진해야 한다.

推 tuī [동] 밀다.
▶ 놓아주기 위해 날아가라고 손(扌=手)으로 새(隹)를 밀어내니 밀 추 推*

━━━━━━ 같이 Tip ＋ ━━━━━━

| 推荐 tuījiàn [동] 추천하다. 천거하다. 소개하다.
  - 예) 我向公司推荐了他。 나는 회사에 그를 추천했다.

| 推迟 tuīchí [동] 뒤로 미루다. 늦추다. 연기하다. 지연시키다.
  - 예) 今天的会议推迟了。 오늘 회의는 연기되었다.

| 推拉 tuīlā [동] 밀고 당기다. 밀당하다. 견제하다
  - 예) 那个是一个推拉门。 그것은 미닫이문이다.

39

羽 (깃 우)
새의 양 날개 깃 모양을 본떠 만든 글자.

学习 xuéxí 동 학습하다. 공부하다. 배우다.
▶ 어린 새가 날개(习)를 푸드득 거리며 나는 방법을 익히는 데서 익힐 습 习

练习 liànxí 동 연습하다. 익히다.
예 你还在天天练习打羽毛球吗? 너는 아직도 매일 배드민턴 연습을 하니?

复习 fùxí 동 복습하다.
예 今天学习的内容复习了吗? 오늘 배운 내용 복습했니?

预习 yùxí 동 예습하다.
예 预习功课很重要。 예습하는 것은 매우 중요하다.

같이 Tip +

预订 yùdìng 동 예약하다. 예매하다.
예 今天的机票预订了吗? 오늘 비행기표 예약했어요?

预约 yùyuē 동 예약하다.
예 宾馆要提前预约。 호텔은 미리 예약해야 한다.

羽毛球

| **预报** yùbào 동 미리 알리다. 예보하다. 명 예보.
  예) 我天天看天气预报。 나는 매일 일기예보를 본다.

实习 shíxí 동 실습하다.
예) 我以前在大公司里实习过。 나는 예전에 대기업에서 실습한 적이 있다.

习惯 xíguàn 명 버릇. 습관. 습성. 풍습. 관습.
동 습관(버릇)이 되다. 적응하다. 익숙해지다.
예) 我不习惯吃中国菜。 나는 중국 음식이 익숙하지 않다.

翅膀 chìbǎng 명 (새·곤충 등의) 날개.
▶ 음(音)은 支(지 → 시)에서 비슷하게 가져오고, 새의 날개(羽)인 데서 날개 시 **翅**
▶ 음(音)은 旁(방)에서 가져오고, 몸(月=肉)의 양 옆(旁)에 어깨뼈가 있는 데서
  어깨뼈 방 **膀**
▶ 새의 날개(翅)는 어깨(膀)에 달려 있는 데서 날개 **翅膀**

羽毛球 yǔmáoqiú 명 배드민턴.
▶ 새의 날개(羽) 털(毛)로 만들어진 공(球)으로 하는 운동이니 배드민턴 **羽毛球***
예) 你是和谁学的打羽毛球？ 너는 누구한테 배드민턴 치는 것을 배웠니?

40

求 **(구할 구)**
짐승의 가죽으로 만든 모피를 달아 맨 모습을 본뜬 글자.

要求 yāoqiú 동 요구하다. 요망하다.
예 他对我的要求太高了。 그는 나에 대한 요구가 너무 높다.

求婚 qiúhūn 동 구혼하다. 프로포즈하다.*
▶ 옛날엔 여자(女)가 시집 갈 때에는 해질녘(昏)에 식을 거행한 데서 **결혼할 혼 婚**
예 今天男朋友向我求婚了。 오늘 남자친구가 내게 청혼했다.

追求 zhuīqiú 동 추구하다. 탐구하다.
▶ 적의 뒤를 언덕(阜=阝)까지 쫓아 가는(辶) 데서 **쫓을 추 追**
예 这就是你追求的生活吗？ 이것이 바로 당신이 추구하는 생활입니까?

求

救命　jiùmìng　⑧ 목숨을 구하다(살리다). 인명을 구조하다. **구명**하다.

▶ 求(구)에서 음(音)을 가져오고, 남을 도와주거나 구해줄 때 막대기 든 손을 뻗어 구원해주니 **구원할 구 救**

예 遇到危险的时候一定要喊hǎn "救命"。
위험에 처했을 때에는 반드시 '살려주세요'라고 외쳐야 한다.

地球　dìqiú　⑲ 지구.*

▶ 求(구)에서 음(音)을 가져오고, 옥(玉=王)을 갈아 공처럼 둥글게 만든 데서 **공 구 球**

예 我们的任务就是保护地球。 우리의 임무는 바로 지구를 보호하는 것이다.

全球　quánqiú　⑲ 전세계. 지구 전체. 온 세상.

예 环境保护是全球性问题。 환경보호는 전세계적인 문제이다.

网球　wǎngqiú　⑲ 테니스.

▶ 그물(网)처럼 생긴 채로 공(球)을 치는 운동이니 **테니스 网球**

예 他是个著名的网球运动员。 그는 유명한 테니스 선수이다.

排球　páiqiú　⑲ 배구. 배구공.

예 你排球打得怎么这么好? 너는 배구를 어쩜 이렇게 잘 하니?

40

篮球 lánqiú 명 농구. 바스켓볼(basketball). 농구공.

▶ 음(音)은 监(감→람)에서 비슷하게 가져오고, 대나무(竹=⺮)를 엮어 바구니를 만드는 데서 대 바구니 람 篮

▶ 바구니(篮)에 공(球)을 넣는 운동이니 농구 篮球

예) 他是我们学校的"篮球王子"。 그는 우리 학교의 '농구 왕자'이다.

棒球 bàngqiú 명 야구. 야구공.

▶ 몽둥이(棒)로 공(球)을 치는 운동이니 야구 棒球*

예) 我看不懂棒球比赛。 나는 야구 경기를 잘 모른다.

足球 zúqiú 명 축구. 축구공.

▶ 발(足)로 공(球)을 차는 운동이니 축구 足球

예) 我最喜欢足球踢得好的男孩。 나는 축구 잘 하는 남자를 가장 좋아한다.

高尔夫球 gāo'ěrfūqiú 명 골프. 골프공.

예) 我一直觉得高尔夫球是很高档gāodàng的运动。
나는 줄곧 골프가 고급스러운 운동이라고 느꼈다.

41

虫 (벌레 충)
머리가 큰 살무사의 모양 또는 벌레의 모양을 본뜬 글자.

虫子 chóngzi 몡 벌레.

害虫 hàichóng 몡 해충.
▶ 집(宀)에 들어앉아서 다른 사람을 헐뜯고 어지럽히는(丯) 말(口)을 하는 데서 해할 해 **害**
▶ 해로운(害) 벌레(虫)인 데서 해충 **害虫**

昆虫 kūnchóng 몡 곤충.
예 他很喜欢研究yánjiū 昆虫。그는 곤충 연구를 매우 좋아한다.

蛇 shé 몡 뱀.
▶ 뱀이 웅크린 모양(虫)에 뱀을 뜻하는 글자 它(사)가 합하여 뱀 사 **蛇***
예 我觉得蛇是最恶心ě'xīn的动物。나는 뱀이 제일 징그러운 동물이라고 생각한다.

接触 jiēchù 동 닿다. 접촉하다. 접근하다. 교제하다. 왕래하다.
▶ 더듬이나 뿔(角)을 이용해서 벌레(虫)가 여기저기 닿아보고 아는 데서 닿을 촉 **触**
예 别担心，这种病只接触传染。걱정하지 마, 이 병은 접촉을 통해서만 감염되니까.

41

单独 dāndú [부] 단독으로. 혼자서.
▶ 개(犭)와 벌레(虫)는 서로 어울리지 못해서 홀로 지내니 홀로 독 独

孤独 gūdú [형] 고독하다. 외롭다.
▶ 부모를 잃고 의지할 곳 없는 아이(子)와 넝쿨에 오이(瓜) 하나가 열려 있는 모습에서 외로울 고 孤

蝴蝶 húdié [명] 나비.
▶ 음(音)은 胡(호)에서 가져오고, 벌레(虫)를 더하여 나비 호 蝴
▶ 나비 역시 벌레(虫)의 일종이며 그 날개가 잎(枼)처럼 넓고 평평한 날개를 가진 데서 나비 접 蝶

蜂蜜 fēngmì [명] 벌꿀.
▶ 음(音)은 夆(봉)에서 가져오고, 벌 역시 벌레인 데서 벌 봉 蜂
▶ 벌(虫)이 꿀을 벌집(宀)으로 반드시(必) 가져가는 데서 꿀 밀 蜜*

蜜蜂 mìfēng [명] 꿀벌.
[예] 蜜蜂不是害虫。 벌은 해충이 아니다.

> **연결하기**
>
> ### 秘密 mìmì [명] 비밀.
> ▶ 신을 모신 집(宀)은 반드시(必) 나무가 빽빽한 깊은 산속에 비밀스럽게 있으니 빽빽할 밀, 비밀 밀 密

42

貝 = 贝 (조개 패)
아가미가 나온 조개의 모양을 본뜬 글자.

> **Tip** 인쇄술이 발달하기 전에 조개껍질을 돈으로 사용했기 때문에 貝=贝(패)가 붙는 글자는 대부분 돈과 관계가 있다.

宝贝 bǎobèi 명 보배. 보물. 귀여운 아이. 귀염둥이. 예쁜이. 달링.
▶ 집(宀)에 옥(玉=王) 등 여러 가지 보물을 가득 둔 데서 보배 보 宝
예 妈妈喜欢叫他宝贝。 엄마는 그를 귀염둥이라고 부르는 것을 좋아하신다.

贵 guì 형 (가격이나 가치가) 높다. 비싸다. 귀하다. 귀중하다.
▶ 귀한 것은 값어치(贝=贝)가 높은 데서 귀할 귀 贵

宝贵 bǎoguì 형 진귀한. 소중한. 귀중한. 보배로운.
예 时间是宝贵的。 시간은 소중한 것이다.

财产 cáichǎn 명 재산. 자산.
▶ 음(音)은 才(재)에서 가져오고, 돈(贝=贝)이 늘어나는 데서 재물 재 财
예 他有很多财产。 그는 재산이 많다.

42

연결하기

| **人才** réncái 명 (재덕을 겸비한) 인재.

예 我们公司很珍惜zhēnxī人才。우리 회사는 인재를 매우 아낀다.

| **材料** cáiliào 명 재료. 원료. 감. 자재.

▶ 음(音)은 才(재)에서 가져오고, 나무(木)가 건물이나 도구의 재료가 되므로 재목 재 **材**

▶ 쌀(米)을 말(斗)로 헤아려 재료로 쓰는 데서 헤아릴 료 **料**

예 你需要什么材料？당신은 무슨 재료가 필요합니까?

| **教材** jiàocái 명 교재.

예 我还没有收到教材。나는 아직까지 교재를 받지 못했다.

| **身材** shēncái 명 몸매. 체격. 몸집.

예 她的身材很苗条miáotiao。그녀의 몸매는 매우 날씬하다.

资料 zīliào 명 자료.

工资 gōngzī 명 월급. 임금. 노임.*

▶ 장인이 물건을 만들 때 사용하는 도구를 본뜬 모양인 데서 장인 공 **工**

▶ 음(音)을 次(차 → 자)에서 비슷하게 가져오고, 재물(貝=贝)을 나타내는 데서 재물 자 **资**

예 你一个月的工资是多少？당신은 한 달 월급이 얼마입니까?

资金　zījīn　명 자금.
예 你有多少资金？당신은 자금이 얼마 있습니까?

资源　zīyuán　명 자원.
▶ 물(氵=水)이 나오는 근원(原)이니 근원 원 源
예 大家要珍惜水资源。모두 수자원을 소중히 해야 한다.

投资　tóuzī　명 투자. 투자금.　동 투자하다.*
▶ 음(音)은 殳(수→투)에서 비슷하게 가져오고, 손(扌=手)으로 던지는 데서 던질 투 投
예 我不打算再投资了。나는 더 이상 투자할 생각이 없다.

购物　gòuwù　동 물건을 사다. 물건을 구입하다.
▶ 음(音)은 勾(구)에서 가져오고, 돈(贝=贝)을 써야 살 수 있으니 살 구 购
▶ 음(音)은 勿(물)에서 가져오고, 세상만물 중 소(牛=牜)만한 물건이 없다는 데서 물건 물 物
예 你喜欢网上购物吗？당신은 인터넷 쇼핑을 좋아하십니까?

购买　gòumǎi　동 구매하다. 사다.
예 今天购买了很多东西。오늘 아주 많은 물건을 구매했다.

消费 xiāofèi [동] 소비하다.*

- 음(音)을 肖(초→소)로 비슷하게 가져오고, 물(氵=水)이 줄어들어 없어지고 사라진다는 데서 사라질 소 消
- 아끼지 않고(弗) 돈(貝=贝)을 써 버리는 데서 쓸 비 费

[예] 现在的消费水平越来越高。 현재의 소비 수준은 갈수록 높아지고 있다.

费用 fèiyòng [명] 비용. 지출.

[예] 这些费用由我来承担 chéngdān。 이 비용들은 제가 부담하겠습니다.

浪费 làngfèi [동] 낭비하다. 허비하다. 헛되이 쓰다.

- 음(音)은 良(량→랑)에서 비슷하게 가져오고, 물(氵=水)을 더해 물결 랑 浪
- 물(浪)을 쓰듯 함부로 돈(貝=贝)을 쓰니(费) 낭비 浪费

[예] 请大家不要浪费。 모두 낭비하지 마시기 바랍니다.

연결하기

| 浪漫 làngmàn [형] 낭만적이다. 로맨틱하다.

[예] 他是一个很浪漫的人。 그는 매우 로맨틱한 사람이다.

貝

职员 zhíyuán 명 직원. 사무원.
- 音(음)은 只(zhi)에서 가져오고, 상관의 지시를 듣고(耳) 행하는 데서 직분 직 **职**
- 생계(口)를 위해 돈(貝=贝)을 받고 일하는 사람이라는 데서 인원 원 **员**

예 我是一名公司职员。 나는 회사원이다.

员工 yuángōng 명 직원. 종업원. 사원.

예 他是我们公司的员工。 그는 우리 회사의 직원이다.

赚钱 zhuànqián 동 돈을 벌다. 보수를 받다. 이윤을 남기다.
- 벼(秝) 두 개를 손으로 쥐고(ヨ) 있는 모습에서 많은 벼를 손에 쥐다, 여러 일을 겸하다는 데서 겸할 겸 **兼**
- 벼를 틀어 잡고 있는 손(兼)처럼 돈(貝=贝)을 벌고 있으니 돈 벌 잠 **赚***

예 现在赚钱很不容易。 요즘 돈 버는 게 쉽지 않다.

贷款 dàikuǎn 동 (은행에서) 대출하다. 대부하다.
- 音(음)은 代(대)에서 가져오고, 돈(貝=贝)을 빌리는 데서 빌릴 대 **贷**

예 这是贷款买的房子。 이것은 대출 받아서 산 집이다.

43

代 * (대신 대)
전쟁을 할 때 주살(弋: 줄 달린 화살)이 사람(亻=人)을 대신함을 나타내는 글자.

现代 xiàndài 명 현대.
▶ 구슬(玉=王)을 닦아내면 무늬가 보이는(見=见) 데서 나타날 현 现

唐代 tángdài 명 중국 당대. 중국 당 왕조.
예 这个是唐代时候的物品wùpǐn。 이것은 당대 때의 물품이다.

时代 shídài 명 (역사상의) 시대. 시기.
예 我们追上时代的变化。 우리는 시대의 변화를 따라가고 있다.

代价 dàijià 명 대가.
예 你要为自己的错误付出代价。
당신은 자신의 잘못으로 인한 대가를 치뤄야 합니다.

代替 dàitì 동 대체하다. 대신하다.
예 公司让我代替他去出差。 회사에서 내가 그를 대신해 출장을 가도록 했다.

代

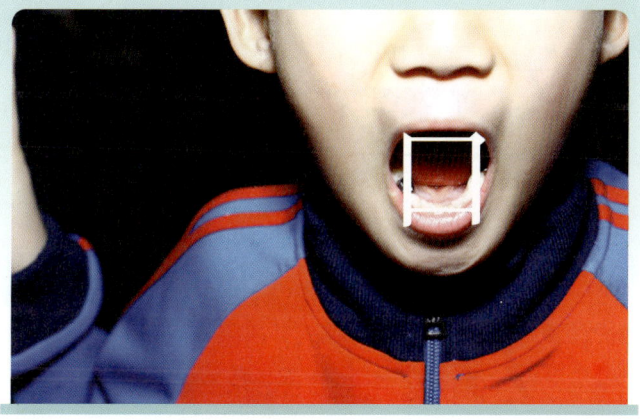

袋子　dàizi 명 주머니. 자루. 포대. 봉지.
▶ 음(音)을 나타내는 代(대)에 옷(衣=衤)과 같은 천으로 만든 자루 대 袋
예 请给我一个袋子。 저에게 봉지 하나를 주세요.

口袋　kǒudai 명 주머니. 호주머니.
▶ 주머니의 입구(口)로 들어가면 자루(袋)처럼 담을 수 있으니 주머니 口袋*
예 这件衣服怎么没有口袋？ 이 옷은 어째서 주머니가 없지?

塑料袋　sùliàodài 명 비닐봉지.

44

女 (여자 여)
여자가 손을 앞으로 모으고 무릎을 꿇고 앉아 있는 모양을 본뜬 글자.

好 hǎo [형] 좋다.
▶ 여자(女)가 아들(子)을 안고 좋아하니 좋을 호 好

好人 hǎorén [명] 호인. 성품이 좋은 사람. 좋은 사람. 착한 사람.
[예] 世上还是好人多。 세상에는 아직도 좋은 사람이 많다.

爱好 àihào [명] 취미. 애호.

安 ān [형] 편안하다. 안정되다.
▶ 집(宀)에 여자(女)가 고요히 앉아 있는 모양으로 집안에 여자가 있어야 편안하니 편안할 안 安*

不安 bù'ān [형] 불안하다. 편안하지 않다. 안정되지 못하다.
[예] 我觉得心里有些不安。 나는 마음이 좀 불안하게 느껴졌다.

女

按 àn 동 (손이나 손가락 등으로) 누르다.
개 ~에 의거하여. ~에 따라서.

▶ 음(音)을 나타내는 安(안)에 손(扌=手)을 더하여 누를 안 **按**

예 用手按一下就行了。 손으로 누르시면 됩니다.

按摩 ànmó 동 안마하다. 마사지하다.

예 我以前学过按摩。 나는 예전에 마사지(하는 법)를 배운 적이 있다.

按照 ànzhào 동 ~에 따르다. ~의거하다. 개 ~에 의해. ~에 따라.

예 这件事就按照你说的做吧。 이 일은 네 말대로 하자.

牛奶 niúnǎi 명 우유. 소젖.

▶ 뜻을 나타내는 女(여)와 음(音)을 나타내는 乃(내)가 합하여 젖 내 **奶***

奶奶 nǎinai 명 할머니.

后悔 hòuhuǐ 图 후회하다. 뉘우치다.

▶ 마음(忄=心)으로 매번(每) 후회를 하니 후회할 회 悔

예 我很后悔当初那么做。 나는 애초에 그렇게 한 것을 매우 후회한다.

每天 měitiān 명 매일. 부 매일. 날마다.

母亲 mǔqīn 명 모친. 어머니.

▶ 여자(女)의 모습에 젖(ː)을 강조하여 아이에게 젖을 먹이는 어미 모 母
▶ 어린아이(人)가 어머니(母)의 젖을 매번 먹는다는 데서 매양 매 每

妻子 qīzi 명 아내.

▶ 결혼하고 손으로 머리를 올려 비녀(肀)를 꽂은 여자(女)는 아내라서 아내 처 妻★

夫妻 fūqī 명 부부. 남편과 아내.

▶ 성인(大) 남자가 결혼을 하면 상투(一)를 트는 데서 지아비 부 夫

예 他们夫妻的感情很好。 그들 부부의 감정은 매우 좋다.

---- 연결하기 ----

| 丈夫 zhàngfu 명 남편.

女

开始 kāishǐ 동 시작되다. 개시하다. 명 처음. 시작. 시초.
▶ 여자(女)의 뱃속에 태아(台)가 생기는 일이 시초라는 데서 처음 시 始

姓 xìng 명 성. 성씨.
▶ 여자(女)가 자식을 낳아(生) 성을 붙여 주었으니 성씨 성 姓

结婚 jiéhūn 동 결혼하다.
▶ 좋은(吉) 것을 실로(糸) 묶어 맺는다는 데서 맺을 결 结
▶ 옛날엔 여자(女)가 시집 갈 때에는 해질녘(昏)에 식을 거행한 데서 결혼할 혼 婚

婚姻 hūnyīn 명 혼인. 결혼.
▶ 뜻을 나타내는 女(여)와 음(音)을 나타내는 因(인)이 합하여 혼인 인 姻
예 他们的婚姻好像出了点问题。그들의 결혼(생활)에 문제가 좀 생긴 것 같았다.

奴 nú 명 노예. 종.
▶ 양반이 여자(女)를 손(又)으로 잡아다가 노예로 부리고 있으니 종 노 奴*

努力 nǔlì [동] 노력하다. 힘쓰다. 열심히 하다.

▶ 노예(奴)는 힘(力)을 써서 일하니 힘쓸 노 努
▶ 힘줄이 드러난 팔의 모양에서 힘 력 力

愤怒 fènnù [형] 분노하다.

▶ 마음(心=忄)에 솟아오른다는 뜻을 가진 賁(분)을 합해 분할 분 愤
▶ 일이 너무 힘들어서 노예(奴)의 마음(心=忄)에 분노가 생기니 성낼 노 怒*

[예] 他无法抑制yìzhì 愤怒。그는 분노를 억제할 수가 없었다.

委托 wěituō [동] 위탁하다. 의뢰하다.

▶ 여자(女)에게 곡식(禾) 창고를 맡긴다는 데서 맡길 위 委
▶ 뜻을 나타내는 손(扌=手)과 음(音)을 나타내는 글자 乇(탁)을 합하여 맡길 탁 托

威严 wēiyán [명] 위엄. 위풍. [형] 위엄(기품)있는 모양. 위풍당당하다.

▶ 권력을 잡고 있는 여자(女)가 창(戈)을 들고 서 있는 모습이 위엄이 있어 위엄 위 威

[예] 他爸爸看起来很威严。그의 아버지는 매우 위엄 있어 보인다.

45

文 **(글월 문)**
머리(亠) 속의 생각을 글로 옮겨 글자 획이 엇갈린(乂) 모양.

文化 wénhuà 명 문화.

文件 wénjiàn 명 문서. 공문. 서신. 서류 등의 총칭.
예 经理，这是您要的文件。 매니저님, 이것은 찾으시던 문서입니다.

文具 wénjù 명 문구.

文明 wénmíng 명 문명.

文学 wénxué 명 문학.

文字 wénzì 명 문자. 글자. 언어. 글.*

文章 wénzhāng 명 독립된 한 편의 글. 문장.

▶ 소리(音)가 열 개(十)가 모이면 문장이 되니 문장 장 章

46

交 (사귈 교)
사람의 종아리가 교차해 있는 모양을 본뜬 글자.

交 jiāo 〖동〗 서로 교차하다. 서로 맞닿다.
　　　　〖동〗 건네다. 건네주다. 넘기다. 내다. 제출하다. 맡기다.
　　　　〖동〗 서로 연락하다. 왕래하다. 사귀다. 교제하다.

〖예〗 把作业交给老师。 숙제를 선생님께 제출하세요.

交流 jiāoliú 〖동〗 서로 소통하다. 교류하다. (정보 따위를) 교환하다.

▶ 음(音)은 㐬(류)에서 가져오고, 아기가 양수(氵=水)와 함께 흘러(㐬)나오는 데서
　 흐를 류 流

〖예〗 文化交流有助于互相了解。 문화교류는 서로를 이해하는 데 도움이 된다.

交往 jiāowǎng 〖동〗 왕래하다. 내왕하다. 교제하다. 〖명〗 교제. 왕래.

▶ 걸어서(彳) 주인(主)에게 가는 데서 갈 왕 往

〖예〗 我们交往三年了。 우리는 사귄 지 3년 되었다.

交通 jiāotōng 〖명〗 교통.

比较 bǐjiào 동 비교하다. 부 비교적. 상대적으로.

▶ 두 사람이 나란히(比) 서서 비교하는 데서 견줄 비 比*
▶ 수레(車=车)에 짜 맞추는 나무를 교차(交)해 보면서 견주어 보는 데서 견줄 교 较

같이 Tip +

| 比 bǐ 개 ~보다. 동 비교하다. 재다. 겨루다.

| 比赛 bǐsài 명 경기. 시합. 동 시합하다. 경기하다.
   예 你看今天的比赛了吗? 너 오늘 경기 봤니?

学校 xuéxiào 명 학교.

▶ 나무(木) 그늘에서 친구와 사귐(交)을 가지며 배우는 곳이라는 데서 학교 교 校

校长 xiàozhǎng 명 교장. (대학의) 총장.

校园 xiàoyuán 명 교정(校庭). 캠퍼스.

▶ 음(音)은 元(원)에서 가져오고, 口는 에워싼 모양으로 과수원이나 동산 등의 테두리인 데서 동산 원 园

效果 xiàoguǒ 명 효과.

▶ 좋은 사귐(交)을 가지라고 회초리든 손(攵=攴)으로 때려가며 본받으라고 하는 데서 본받을 효 效
▶ 나무(木) 위에 열매(田)가 열린 모양을 본 뜬 데서 열매 과 果

예 这个药的效果不错。 이 약의 효과는 괜찮다.

效率 xiàolǜ 명 능률. 효율.

예 我们的工作效率很高。 우리의 작업 효율은 매우 높다.

效能 xiàonéng 명 효능. 효과. 효율.

예 你知道它的效能吗? 당신은 그것의 효능을 알고 계십니까?

饺子 jiǎozi 명 만두. 교자.*

47

食 = 食 = 饣 (밥 식)

좋아하며(良) 즐겨먹는 '밥'이 식지 않도록 뚜껑(人)을 덮어 놓은 모양.

吃饭 chīfàn 동 밥을 먹다.

▶ 뜻을 나타내는 食=食=饣(식)과 음(音)을 나타내는 反(반)이 합하여 밥 반 饭

饭馆 fànguǎn 명 식당.

▶ 공적인 이유로 관리(官)에게 식사(食=食=饣)를 제공하는 집이니 집 관 馆

같이 Tip +

| 图书馆 túshūguǎn 명 도서관.
| 宾馆 bīnguǎn 명 호텔.
| 大使馆 dàshǐguǎn 명 대사관.
| 旅馆 lǚguǎn 명 여관.

饮料 yǐnliào 명 음료.

▶ 먹는(食=食=饣) 것 중 마시는 것은 입을 크게 벌리고 하품하는 모습(欠)으로 마시는 데서 마실 음 饮*

47

饮食 yǐnshí 명 음식.
예 你的饮食习惯不太好。 너의 식습관은 별로 좋지 않다.

饼干 bǐnggān 명 비스킷. 과자.
▶ 뜻을 나타내는 飠=食=饣(식)과 음(音)을 나타내는 幷(병)을 합하여 떡 병 饼
▶ 떡(饼)이나 부침개 등을 건조(干)해서 오래 보관하는 것은 과자 饼干

연결하기

干燥 gānzào 형 건조하다. 동 말리다. 건조하다. 건조시키다.
예 这里的冬天很干燥。 이곳의 겨울은 매우 건조하다.

比萨饼 bǐsàbǐng 명 피자(pizza)

饿 è 형 배고프다.
▶ 밥(飠=食=饣)을 못 먹고 굶주려서 나(我)는 밥 생각이 간절하니 굶주릴 아 饿
예 我现在还不饿。 나 지금 배 아직 안 고픈데.

饱 bǎo 형 배부르다.
▶ 밥(飠=食=饣)을 많이 먹어 배가 부풀어(包) 커져 있는 데서 배부를 포 饱*

48

包 (쌀 포)

아직 팔도 생기지 않은 태아(巳)를 싸고(勹) 있는 모양.

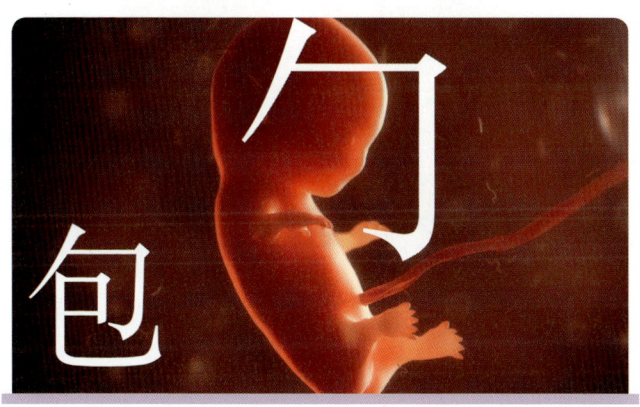

包 bāo 동 (종이나 얇은 것으로) 싸다. 싸매다. 명 (포장된) 꾸러미. 봉지.
예 请帮我包起来。 싸 주세요.

打包 dǎbāo 동 (종이나 천 등으로) 포장하다. 싸다.
예 吃不了的菜打包吧。 다 먹지 못한 음식은 포장하자.

包裹 bāoguǒ 명 소포. 보따리. 동 포장하다. 싸다.
▶ 옷(衣=衤)과 같은 천을 벌려(亠) 과일(果) 등을 싸는 데서 쌀 과 裹
예 妈妈给我寄了一个包裹。 엄마는 나에게 소포를 하나 부치셨다.

书包 shūbāo 명 책가방.
▶ 옛날에는 보자기에 책(书)을 싸서(包) 가지고 다녔으니 책가방 书包

钱包 qiánbāo 명 지갑.
▶ 조그만 손수건 정도 사이즈에 돈(钱)을 싸니(包) 지갑 钱包
예 我的钱包不见了。 내 지갑이 없어졌다.

面包 miànbāo 명 빵.
▶ 밀가루(面)가 부풀어서 빵빵한(包) 빵이 만들어지니 빵 面包*

包子 bāozi 명 (소가 든) 찐빵.
▶ 밀가루를 평평하게 펴서 그 안에 재료를 넣어 싸니까 찐빵 包子
예) 你会包包子吗? 너 찐빵 만들 줄 아니?

抱 bào 동 안다. 껴안다. 포옹하다.
▶ 손(扌)으로 감싸며(包) 안아주는 데서 안을 포 抱

抱怨 bàoyuàn 동 (불만을 품고) 원망하다.

跑 pǎo 동 달리다. 뛰다.
▶ 음은 包(포)에서 가져오고, 발(足=𧾷)로 달리는 데서 달릴 포 跑

跑步 pǎobù 명 달리기. 조깅. 동 달리다. 조깅하다.

泡 pào ⑲ 거품. 포말. ⑧ 물이나 액체에 담가 두다.

▶ 음은 包(포)에서 가져오고, 물(氵=水)에 담그니 거품 포 泡*

⑩ 把衣服泡在水里。 옷을 물에 담그다.

泡菜 pàocài ⑲ 김치.

▶ 손(爪)으로 나무(木)를 캐거나 열매 따위를 따는 데서 캘 채 采
▶ 음(音)을 나타내는 采(채)에 풀(艹)을 더해서 채소를 나타내니 나물 채 菜
▶ 채소(菜)를 소금물에 절이고 담가(泡) 만드니 김치 泡菜

⑩ 你会做泡菜吗？ 당신은 김치를 담글 줄 아십니까?

49

冫 **(이수 변)**
얼음이 언 모양을 본뜬 글자.

冷 lěng [형] 춥다. 차다. 시리다.

▶ 음(音)은 令(령 → 냉)에서 비슷하게 가져오고, 이수 변(冫)을 더해 얼음이 얼만큼 춥다는 데서 찰 냉 冷

冷冻 lěngdòng [동] 냉동하다. 얼리다. 얼게 하다.

▶ 음(音)은 동(東=东)에서 가져오고, 이수 변(冫)을 더해 얼 동 冻
[예] 把肉冷冻起来。 고기를 냉동시키세요.

凉 liáng [형] 차갑다. 서늘하다. 선선하다.

▶ 음(音)은 京(경 → 량)에서 비슷하게 가져오고, 이수 변(冫)을 더해 서늘할 량 凉
[예] 这个菜凉了就不好吃了。 이 음식은 식으면 맛 없어요.

凉快 liángkuai [형] 시원하다. 서늘하다.

冰箱 bīngxiāng 명 냉장고.

▶ 물(氵=水)이 얼었으니(冫) 얼음 빙 冰*
▶ 얼음(冰)을 담기 위한 상자(箱) 같이 생긴 것이니 냉장고 冰箱

---- 같이 Tip +

箱子 xiāngzi 명 상자. 궤짝. 박스. 케이스.
▶ 음은 相(상)에서 가져오고, 대나무(竹=⺮)를 엮어서 상자를 만드니 상자 상 箱

行李箱 xínglǐxiāng 명 여행용 가방. 트렁크.
▶ 짐(行李)을 넣는 상자(箱) 같이 생긴 가방이니 캐리어 行李箱
예 这个行李箱太重了。 이 트렁크는 너무 무겁다.

冬天 dōngtiān 명 겨울. 겨울철. 동계.

▶ 사계절 중에서 가장 뒤에 오는(夂) 얼음(冫)이 얼 만큼 추운 계절인 데서 겨울 동 冬

寒假 hánjià 명 겨울방학.

▶ 집(宀)에 있는 우물(井)도 얼 만큼(冫) 차가운 데서 찰 한 寒*
▶ 추울 때(寒) 주는 방학(假)이니 겨울방학 寒假

---- 같이 Tip +

暑假 shǔjià 명 여름방학. 여름 휴가.
▶ 해(日)가 사람(者) 머리 위에 있으니 더울 서 暑

50

氵 = 水 * (물 수)
물의 흐름을 본뜬 글자.

水 shuǐ 명 물.

예 人离不开水。 사람은 물을 떠나서 살 수 없다.

果汁 guǒzhī 명 과즙. 과일즙. 과일 주스.

▶ 나무(木) 위에 열매(田)가 열린 모양을 본 뜬 데서 열매 과 果
▶ 과일에 十(십)자 모양으로 칼집을 내어 꾹 짜내면 즙(氵=水)이 나오니 즙 즙 汁

― 같이 Tip ✚ ―

水果 shuǐguǒ 명 과일. 과실.
▶ 수분(水)이 많은 것은 과일(果)이니 水果

清楚 qīngchu 형 분명하다. 명백하다. 뚜렷하다.

▶ 물(氵=水)이 푸른 색의 뜻을 가진 青(청)과 합하여 맑을 청 清

污染 wūrǎn 동 오염시키다.

▶ 웅덩이에 괴어(亐) 있어서 더러워진 물(氵=水)이니 더러울 오 污
▶ 옷감을 물들이기 위해 나무(木)로 색을 낸 물(氵=水)에 아홉(九) 번씩이나 되풀이 해서 물을 들이니 물들 염 染*

예 现在的空气污染很严重。 현재의 공기 오염은 매우 심각하다.

染色 rǎnsè 동 염색하다. 물들이다.
예 这张图染色以后会更好看。 이 그림은 색을 물들이고 나면 더 보기 좋아질 것이다.

染发 rǎnfà 동 머리를 염색하다.
예 我想去染发。 나는 염색하러 가고 싶다.

传染 chuánrǎn 동 전염하다. 감염하다. 옮다.
예 这个病传染吗? 이 병은 전염됩니까?

海洋 hǎiyáng 명 해양. 바다.
▶ 羊(양)에서 음을 가져오고, 물(氵=水)에서 뜻을 가져와 큰 바다 양 洋

起源 qǐyuán 명 기원. 동 기원하다.
▶ 걸으려고(走) 몸(己)을 일으키니 일어날 기 起
▶ 물(氵=水)이 나오는 언덕(原)인 데서 근원 원 源
예 你知道汉字的起源吗? 당신은 한자의 기원을 알고 계십니까?

游泳 yóuyǒng 동 수영하다. 헤엄치다. 명 수영.*

▶ 음(音)은 斿(유)에서 가져오고, 물(氵=水)에서 헤엄을 치니 헤엄칠 유 游
▶ 물(氵=水)에서 오래(永) 헤엄을 치니 헤엄칠 영 泳

> **연결하기**
>
> #### 永远 yǒngyuǎn 부 영원히.
> ▶ 물(水)의 줄기를 본뜬 글자로 물줄기가 갈라지며 멀리 길게 흘러간다는 데서 길 영 永
> ▶ 음(音)을 나타내는 元(원)에 움직임을 나타내는 책받침(辶)을 더하여 멀리 가는 데서 멀 원 远
>
> 예 我们永远都是好朋友。우리는 영원히 좋은 친구이다.
>
> #### 永久 yǒngjiǔ 형 영구한. 영원한.
> ▶ 뒤에서 잡아 끌고 오랫동안 놓지 않는 모습에서 오랠 구 久
>
> 예 没有什么东西是永久的。영원한 것은 아무것도 없다.

生活 shēnghuó 명 생활. 동 살다. 생존하다.

▶ 혀(舌)로 물(氵=水)을 마셔야 사니 살 활 活

活动 huódòng 동 (몸을) 움직이다. 운동하다. 놀리다. 활동(행동)하다.

▶ 힘(力)을 써서 움직이니 움직일 동 动

眼泪 yǎnlèi 명 눈물.

▶ 눈(目)에 눈물(氵=水)이 고여 있는 데서 눈물 루 泪

流泪 liúlèi 동 눈물을 흘리다.
▶ 음(音)은 㐬(류)에서 가져오고, 아기가 양수(氵=水)와 함께 흘러(㐬)나오는 데서 흐를 류 流*

湿润 shīrùn 형 축축하다. 촉촉하다. 습윤하다.
▶ 음(音)은 闰(윤)에서 가져오고, 물(氵=水)이 충분히 불어나는 데서 불을 윤 润
예) 这里的空气很湿润。 이곳의 공기는 매우 축축하다.

利润 lìrùn 명 이윤.
예) 一年的利润是多少? 1년 동안의 이윤이 얼마나 됩니까?

满 mǎn 형 가득(꽉) 차다. 가득하다. 그득하다.
예) 把瓶子装 zhuāng 满水。 병에 물을 가득 채우세요.

充满 chōngmǎn 동 충만하다. 넘치다. 가득 차다.
예) 他的心里充满了不安。 그의 마음 속은 불안으로 가득 찼다.

같이 Tip +

| 充电 chōngdiàn 동 충전하다.
예) 我的手机正在充电呢。 내 휴대전화는 지금 충전 중이다.

| 充分 chōngfèn 형 충분하다.
예) 这个理由很充分。 이 이유라면 충분하다.

滑 huá 동 미끄러지다. 형 반들반들하다. 매끈매끈하다. 미끄럽다.

▶ 뼈(骨)에 물(氵=水)을 부어 만져보니 미끄러운 데서 미끄러울 활 滑*

예) 下雪以后路很滑。 눈이 오고 나면 길이 매우 미끄럽다.

滑冰 huábīng 명 스케이팅. 동 얼음을 지치다. 스케이트를 타다.

▶ 얼음(冰) 위에서 미끄러지며(滑) 노는 것이니 스케이트 滑冰

滑雪 huáxuě 명 스키. 동 스키를 타다.

▶ 눈(雪) 위에서 미끄러지며(滑) 노는 것이니 스키 滑雪

滑水 huáshuǐ 명 수상스키.

▶ 물(氵=水) 위에서 미끄러지며(滑) 노는 것이니 수상스키 滑水

예) 滑水很难学。 수상스키는 배우기 어렵다.

洗澡 xǐzǎo 동 목욕하다. 몸을 씻다.

▶ 먼저(先) 물(氵=水)로 씻어야 하니 씻을 세 洗*

예) 洗澡以后再睡觉。 샤워하고 나서 자.

洗手 xǐshǒu 통 손을 씻다.

▶ 손(手)을 씻으니(洗) 손 씻다 洗手

예 吃饭前要洗手。 식사하기 전에 손을 씻어야 한다.

洗头 xǐtóu 통 머리를 감다.

▶ 머리(头)를 씻으니(洗) 머리 감다 洗头

洗脚 xǐjiǎo 통 발을 씻다.

▶ 발(脚)을 씻으니(洗) 발 씻다 洗脚

예 你让我给你洗脚？ 나보고 네 발을 씻어달라고?

洗碗 xǐwǎn 통 설거지하다.

▶ 그릇(碗)을 씻으니(洗) 설거지 하다 洗碗

洗车 xǐchē 통 세차하다.

▶ 차(車=车)를 씻으니(洗) 세차하다 洗车

예 你多久没洗车了？ 당신은 얼마 동안 세차를 안 하셨죠?

洗衣服 xǐ yīfu 옷을 빨다.

▶ 옷(衣服)을 씻으니(洗) 옷 빨다 洗衣服

加油 jiāyóu [동] 힘을 내다. 파이팅! 격려하다. 응원하다. 기운을 내다.*
[동] 기름을 넣다.

▶ 힘(力)을 쓰며 일을 할 때 입(口)으로 구령을 붙이거나 노래를 부르면 힘이 더해지는 데서 더할 가 加

▶ 음(音)은 由(유)에서 가져오고, 기름 역시 물(氵=水)방울처럼 액체인 데서 기름 유 油

加油站 jiāyóuzhàn [명] 주유소.

法 fǎ [명] 법.

▶ 물(氵=水)은 높은 데서 낮은 곳으로 흘러가는(去) 규칙이 있다는 데서 법 법 法

看法 kànfǎ [명] 견해.

[예] 你对这件事有什么看法? 당신은 이 일에 대해서 어떤 견해를 가지고 계십니까?

想法 xiǎngfǎ [명] 생각. 의견. 견해.

[예] 你的想法是什么? 당신의 생각은 무엇입니까?

说法 shuōfa [명] 의견. 견해. 논법. 논조. 표현(방식).
[명] 이치. 일리. 도리. 경우.

[예] 那是错误cuòwù的说法。 그것은 잘못된 표현이다.

做法 zuòfǎ 명 (일 처리나 물건을 만드는) 방법.
예) 你的这种做法不对。 너의 이런 방법은 잘못된 것이다.

方法 fāngfǎ 명 방법. 수단. 방식.
예) 这种学习方法效果不错。 이런 학습 방법은 효과가 괜찮다.

办法 bànfǎ 명 방법. 수단. 방식.
예) 你帮我想个办法，好吗？ 방법을 좀 생각해 주실래요?

书法 shūfǎ 명 서법. 서도. 서예.

法规 fǎguī 명 법규.
▶ 훌륭한 사내(夫)가 사물을 바르게 본다(見=见)는 데서 법을 나타내어 법 규 规

法律 fǎlǜ 명 법률.
▶ 행해야(彳) 할 법의 내용을 손으로 붓을 잡아(聿) 적은 데서 법률 률 律*

같이 Tip +

| 律师 lǜshī 명 변호사.
▶ 법률(律) 지식이 스승(师)처럼 많은 사람이니 변호사 律师

沙漠 shāmò 명 사막.*
- 음(音)은 少(소 → 사)에서 비슷하게 가져오고, 강가나 바다처럼 물(氵=水=氺)이 있는 곳에 모래가 많으니 모래 사 沙
- 음(音)은 莫(막)에서 가져오고, 물(氵=水=氺)이 없는(莫) 곳이니 사막 막 漠

沙子 shāzi 명 모래.

沙发 shāfā 명 소파(sofa).

연결하기

抄 chāo 동 베끼다. 베껴 쓰다.
- 음(音)은 少(소 → 초)에서 비슷하게 가져오고, 손(扌=手)으로 베끼는 데서 베낄 초 抄

吵 chǎo 형 시끄럽다. 동 말다툼하다. 입씨름하다.
- 음(音)은 少(소 → 초)에서 비슷하게 가져오고, 입(口)으로 떠드는 데서 떠들 초 吵

吵架 chǎojià 동 말다툼하다. 다투다.

炒 chǎo 동 (기름 따위로) 볶다.
- 음(音)은 少(소 → 초)에서 비슷하게 가져오고, 불(火=灬)로 볶는 데서 볶을 초 炒

酒 jiǔ 명 술.
- 술 단지(酉)에서 술이 물(氵=水)처럼 주르르 흐르는 모양에서 술 주 酒

51

酉 (닭 유)
술을 빚는 술 단지의 모양을 본뜬 글자.

Tip 酉가 들어간 한자는 술이나 식초, 간장 등 발효된 식품을 나타내는 경우가 많다.

酒吧 jiǔbā 명 술집. 바.

> **网吧** wǎngbā 명 PC방.
>
> **Tip** 吧는 문장의 맨 끝에 쓰여, 상의·제의·청유·기대·명령 등의 어기를 나타내기도 하지만 1성(bā)으로 읽을 때는 외래어를 음역한 것으로 '바(bar)'의 의미를 나타낸다.

酒店 jiǔdiàn 명 호텔.
▶ 점(占)을 보고 좋은 자리를 차지(占)하여 손님이 들어오도록 한 쪽 벽을 튼 건물(广)에 가게를 여니 **가게 점 店**

啤酒 píjiǔ 명 맥주.
▶ 영어의 beer와 비슷한 음(啤 pí)을 가져와 맥주라는 술(酒)을 만들었으니 **맥주 啤酒**

红酒 hóngjiǔ 명 포도주. 레드 와인.
▶ 중국사람들은 붉은 색을 제일 좋아하므로 실(糸=糹=纟)을 가공(工)하면 가장 많은 것이 붉은 색이었던 데서 **붉을 홍 红**

51

醋 cù 명 식초. 초.

吃醋 chīcù 동 식초를 먹다 /(주로 남녀관계에서) 질투하다. 시기하다.

> Tip 당 태종이 당나라 재상을 회유하기 위해 미녀를 하사하여 첩으로 삼게 하였는데 재상이 이를 사양하였다. 후에 질투심이 강한 아내 때문이라는 것을 알고 그의 처에게 독주와 첩을 들이는 것 중 하나를 택하라는 어명을 내렸다. 그러나 질투심 많은 재상의 부인은 첩에게 남편을 뺏기는 것을 용납할 수 없어 독주를 마시고 죽는 것을 택하였다. 다 마시고 난 뒤 그것이 독주가 아니라 식초가 들어간 술이었다는 것을 알게 되었다. 이때부터 '吃醋'는 남녀 간에 질투하는 것을 비유하여 사용되기 시작했다.

酸 suān 형 (맛·냄새 등이) 시큼하다. 시다. 명 [화학] 산.

酱 jiàng 명 장. 소스. 된장.
▶ 음(音)은 장(丬)에서 가져오고 간장, 된장 등은 술(酉)처럼 발효를 시켜야 하는 장이니 장 장 酱

酱油 jiàngyóu 명 간장.*
▶ 음(音)은 由(유)에서 가져오고, 기름도 물(氵=水)처럼 액체인 데서 기름 유 油

辣椒酱 làjiāojiàng 명 고추장.
▶ 고추(辣椒)로 만든 장(酱)이니 고추장 辣椒酱

发酵 fājiào 〔동〕 발효하다. 발효시키다.
▶ 술(酉)이나 된장, 간장, 식초 등을 발효시키려면 삭히는 데서 삭힐 효, 삭힐 교 **酵**

Tip 한국어 발음은 효(孝)로, 중국어 발음은 교(jiao)로 암기한다.

醉 zuì 〔동〕 취하다.
▶ 졸병(卒)들은 전쟁 전후로 술(酉)을 마시고 취하니 취할 취 **醉***

醒 xǐng 〔동〕 잠에서 깨다. (취기·마취나 혼미한 상태에서) 깨다. 깨어나다.
▶ 음(音)을 나타내는 星(성)과 합하여 술(酉)을 마시고 깨는 데서 깰 성 **醒**

提醒 tíxǐng 〔동〕 일깨우다. 깨우치다. 주의를 환기시키다.

吵醒 chǎoxǐng 〔동〕 시끄러워 (잠을) 깨다. 깨우다.

叫醒 jiàoxǐng 〔동〕 (불러서) 깨우다.

睡醒 shuìxǐng 〔동〕 잠에서 깨다. 잠이 깨다.
▶ 졸릴 때는 눈(目)꺼풀이 늘어지는(垂) 데서 졸릴 수 **睡**

医生 yīshēng 〔명〕 의사.
▶ 번체자 醫로 해석하면 화살(矢)과 창(殳)에 찔린 곳을 술(酉)로 소독하고 치료를 하는 사람, 치료를 다 하고 화살(矢)은 상자(匚) 안에 보관하는 사람은 의사이니 의원 의 **医**

52

谷 (골 곡)
돌멩이(口)를 비껴 양쪽으로 갈라지는(八) 물줄기의 모양을 본뜬 글자.

沐浴 mùyù [동] 목욕하다.
- 나무(木)로 만든 바가지로 물을 끼얹어 머리를 감는 데서 머리 감을 목 沐
- 옛날에는 물(氵=水)이 흐르는 골짜기(谷)에서 목욕을 했으니 목욕할 욕 浴

沐浴露 mùyùlù [명] 바디 클렌져(body cleanser).

风俗 fēngsú [명] 풍속.
- 사람(亻=人)이 골짜기(谷)에서 목욕을 하는 것은 풍속이므로 풍속 속 俗

收容 shōuróng [동] (구제를 목적으로) 수용하다. 받아들이다.
- 다 익어서 늘어진 곡식의 이삭(丩)을 쳐서(攵=攴) 낟알을 거두는 데서 거둘 수 收
- 집(宀)과 같이 크고 골짜기(谷)처럼 깊어서 무엇이든 받아들일 수 있는 데서 받아들일 용 容

容易 róngyì [형] 쉽다. 용이하다.

容貌 róngmào [명] 용모. 생김새.
▶ 큰 집(宀)에 많은 골짜기(谷)를 담을 수 있듯이 많은 표정을 담을 수 있는 얼굴이라는 데서 얼굴 용 容

笑容 xiàoróng [명] 웃는 얼굴. 웃음 띤 얼굴.
▶ 대나무(竹=⺮) 중 어린(夭) 대나무는 바람이 불면 더 잘 휘는데 그 모습이 사람이 배를 잡고 웃는 모습 같다는 데서 웃을 소 笑*

53

宀 (집 면)

움집의 위를 덮어씌운 모양을 본뜬 글자.

Tip 宀는 한자 위에 쓰이며 '갓머리'라고 한다.

安静 ānjìng 형 조용하다. 잠잠하다. 고요하다. 적막하다.
▶ 집(宀)에 여자(女)가 고요히 앉아 있는 모양으로 집안에 여자가 있어야 편안하니 편안할 안 安

安排 ānpái 동 (인원·시간 등을) 안배하다. 준비하다. 일을 처리하다.
예 这件事由你来安排。 이 일은 당신이 안배하세요.

安全 ānquán 형 안전하다.*
예 我觉得这样做比较安全。 나는 이렇게 하는 것이 비교적 안전하다고 생각한다.

安慰 ānwèi 형 (마음에) 위로가 되다. 위로를 얻다.
▶ 음(音)은 尉(위)에서 가져오고, 마음(心=忄)을 위로하는 데서 위로할 위 慰

安装 ānzhuāng 동 (기계·기자재 등을) 설치하다. 고정하다. 장착하다.
예 我想安装一个空调 kōngtiáo。 나는 에어컨을 한 대 설치하려고 한다.

图案　tú'àn　명 도안.

▶ 음(音)은 安(안)에서 가져오고, 책상(木)에서 글을 쓰거나 그림을 그리는 데서
   책상 안 案

예 这是图案非常独特的衬衫。 이것은 도안이 매우 독특한 와이셔츠이다.

方案　fāng'àn　명 방안.

예 你应该提出具体jùtǐ的方案。 너는 구체적인 방안을 제시해야 한다.

答案　dá'àn　명 답안. 답. 해답.

▶ 종이가 없던 옛날에 책으로 사용하던 대나무(竹=⺮)의 내용에 부합(合)하게 대답을
   하는 데서 대답 답 答

예 这个题的答案是什么？ 이 문제의 답이 뭔가요?

宴会　yànhuì　명 연회. 파티.

▶ 남자의 집(宀)에 여자(女)가 시집 오는 날(日)에는 잔치를 베풀어야 하니 잔치 연 宴*
▶ 사람(人=亻)이 구름(云)처럼 모여드는 데서 모일 회 会

宝贝　bǎobèi　명 보배. 보물. 귀여운 아이. 귀염둥이. 예쁜이. 달링.

▶ 집(宀)에 옥(玉=王) 등 여러 가지 보물을 가득 둔 데서 보배 보 宝
▶ 아가미가 나온 조개의 모양인 데서 조개 패 贝

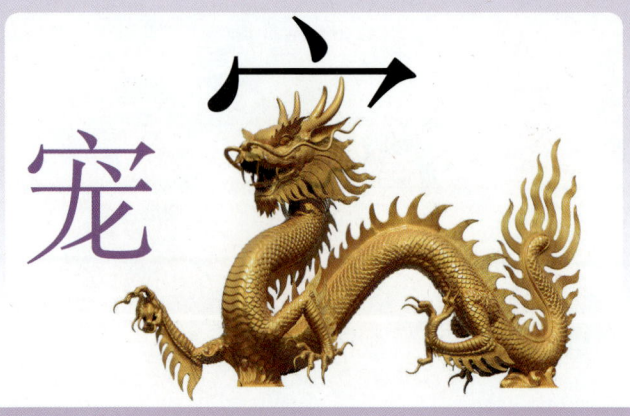

宾馆 bīnguǎn 명 (비교적 규모가 큰) 호텔.

宿舍 sùshè 명 숙사. 기숙사.
- 집(宀)에 사람(亻=人)이 많이(百) 잔다는 데서 잘 숙 宿
- 예) 我上大学的时候住宿舍。 나는 대학 다닐 때 기숙사에서 살았다.

缩短 suōduǎn 동 (원래의 거리·시간·길이 등을) 단축하다. 줄이다.
- 실(糸=纟=纟)을 하루 재워(宿)두면 실이 짧아지고 줄어드는 데서 줄일 축 缩
- 화살(矢)로 콩(豆)을 재어보니 짧은 데서 짧을 단 短
- 예) 列车lièchē 的开通 kāitōng 缩短了从北京到天津的时间。
  열차의 개통으로 인해 베이징에서 톈진까지의 시간이 단축되었다.

> 같이 Tip +
>
> **缩小** suōxiǎo 동 (원래의 거리·시간·길이 등을) 단축하다. 줄이다.
> 예) 你应该缩小研究主题的范围fànwéi。 당신은 연구주제의 범위를 줄여야 합니다.

宠物 chǒngwù 명 애완 동물. 반려 동물.
- 집(宀)에 용(龙)이 있다면 애지중지 사랑하며 모신다는 데서 사랑할 총 宠*
- 음(音)은 勿(물)에서 가져오고, 세상만물 중 소(牛=牜)만한 물건이 없다는 데서 물건 물 物
- 사랑(宠)하는 동물(物)은 애완 동물인 데서 애완 동물 宠物
- 예) 她没结婚，和宠物一起生活着呢。
  그녀는 결혼을 하지 않고 반려 동물과 함께 살아가고 있다.

顾客　gùkè　명 고객. 손님.
- 예 顾客就是上帝 shàngdì。 손님은 왕이다.

客厅　kètīng　명 거실. 객실. 응접실.
▶ 집안에서 손님이 머무는 넓은 홀(厅)은 거실 客厅*

事实　shìshí　명 사실.
▶ 집(宀)에 재물이 머리(头) 꼭대기까지 가득한 모양에서, 씨가 잘 여물어 속이 꽉 찬 열매를 나타내는 데서 열매 실 实
- 예 我说的都是事实。 내가 말한 것은 모두 사실이다.

实话　shíhuà　명 솔직한 말. 꾸미지 않은 말.
- 예 你要跟我说实话。 당신은 저에게 진실을 말씀하셔야 합니다.

实际　shíjì　명 실제. 형 실제적이다. 구체적이다. 현실적이다.
- 예 你的想法太不实际了。 네 생각은 너무 비현실적이다.

实在　shízài　부 확실히. 정말. 참으로.
　　　　　　　　형 착실하다. 성실하다. 건실하다. 꼼꼼하다. 알차다.
- 예 他这个人很实在。 이 사람은 매우 착실하다.

实践 shíjiàn 명 실천. 실행. 이행. 동 실천하다. 실행하다. 이행하다.

예 别光劝别人，自己也应该实践实践。
남에게만 권하지 말고 스스로도 좀 실천해야 한다.

实习 shíxí 동 실습하다

实现 shíxiàn 동 실현하다. 달성하다.

예 我的愿望实现了。 내 소원이 이루어졌다.

实验 shíyàn 동 실험하다.

예 学生正在实验室做实验。 학생들이 실험실에서 실험을 하고 있다.

实用 shíyòng 형 실용적이다.

예 这款手机很实用。 이 휴대전화는 매우 실용적이다.

연결하기

- 头 머리 두, tóu 명 머리.
- 买 살 매, mǎi 동 사다. 구매하다.
- 卖 팔 매, mài 동 팔다. 판매하다.*
- 读 읽을 독, dú 동 글을 소리 내어 읽다. 낭독하다.

54

穴 (구멍 혈)
낡은 집(宀)에 구멍(八)이 난 모양.

空 kōng 형 (속이) 비다. 텅 비어있다.
- 음(音)은 工(공)에서 가져오고, 구멍(穴)은 비어 있다는 데서 빌 공 **空**
- 예 这个瓶子是空的。 이 병은 빈 것이다.

空间 kōngjiān 명 공간.
- 문(門=门) 사이로 햇빛(日)이 들어오니 사이 간 **间**
- 예 仓库cāngkù里的空间太小了。 창고 안의 공간은 너무 작다.

空姐 kōngjiě 명 여승무원. 스튜어디스. 空中小姐의 약칭.
- 하늘(空)에서 일하는 아가씨(小姐)인 데서 승무원 **空姐**

突然 tūrán 부 돌연히. 갑자기. 불쑥. 느닷없이. 난데없이.
- 개(犬)가 구멍(穴)에서 갑자기 뛰어나오는 데서 갑자기 돌 **突***
- 개(犬) 고기(月=肉)를 불(火=灬)에 구워 먹는 것은 당연히 그러하니 그럴 연 **然**

突出 tūchū 형 돌출하다. 두드러지다. 돋보이다. 뛰어나다.
- 예 他的学习成绩很突出。 그의 학업 성적은 매우 뛰어나다.

54

空气 kōngqì 명 공기.

예) 这里的空气很新鲜。 이곳의 공기는 매우 신선하다.

> **Tip** 气(기운 기: 氣)는 간체자를 만드는 원리 중 한자의 생김새에서 전체 윤곽을 잡는 부분 또는 특징적인 부분을 단순화시켜 간체자를 만드는 경우이다. 예를 들면 날 비(飛 → 飞), 넓을 광(廣 → 广), 공장 창(廠 → 厂), 이 치(齒 → 齿) 등이 있다.
> (간체자 만드는 원리 참고 p 12)

空调 kōngtiáo 명 에어컨.

▶ 공기(空)를 조절(调)하는 기계인 데서 에어컨 空调*

55

氣 = 气 * (기운 기)

음(音)은 기(气)에서 가져오고, 밥(米)을 지을 때 김이 올라가는 모양을 본뜬 글자.

生气 shēngqì 동 화를 내다. 화가 나다. 성나다.

小气 xiǎoqi 형 인색하다. 박하다. 짜다. 쩨쩨하다.

예 别那么小气。그렇게 쩨쩨하게 굴지 마.

天气 tiānqì 명 날씨. 일기.

气候 qìhòu 명 기후.

예 最近的气候有点不正常。요즘 기후가 좀 이상하다.

空气 kōngqì 명 공기.

气氛 qìfēn 명 분위기.

▶ 음(音)은 分(분)에서 가져오고, 뜻을 나타내는 기운(气)을 더하여 기운 분 氛

─── 연결하기 ↙

혼동하지 말자!

心情 xīnqíng 명 심정. 감정. 마음. 기분. 정서.

예 我现在心情不太好。나는 지금 기분이 별로 안 좋다.

氧气 yǎngqì 명 산소.

▶ 음(音)은 羊(양)에서 가져오고, 뜻을 나타내는 기운 기(气)를 더하여 산소 양 氧*

예 植物从大气中吸取氧气。식물은 대기 중으로부터 산소를 흡수한다.

运气 yùnqi 명 운. 운수. 운세.

예 你的运气真好啊。당신은 운이 좋군요.

客气 kèqi 형 예의바르다. 겸손하다. 공손하다. 예의를 차리다.
동 사양하다. 체면을 차리다.

예 你对我太客气了。당신은 저에게 너무 예의를 차리시네요.

汽车 qìchē 명 자동차.

예 我每天开汽车去上下班。나는 차로 출퇴근을 한다.

公共汽车 gōnggòngqìchē 명 버스.

汽油 qìyóu 명 휘발유. 가솔린.

56

占 (점칠 **점**, 점령할 **점**)

Tip
- 점을 치려면 불을 지펴 거북이의 껍질이 갈라지는 금(卜)을 통해 점괘의 길흉을 입(口)으로 말해주는 데서 점칠 점 占
- 점(卜)을 통해 좋은 지역(口)을 점령하고 차지해 버리는 데서 점령할 점 占

占 zhàn 〔동〕 (토지나 장소를) 차지하다.

〔예〕 他的座位被人占了。 그의 좌석은 다른 사람이 차지했다.

点 diǎn 〔동〕 불을 붙이다 / 주문하다. 〔양〕 약간. 조금. 시.

▶ 점(占)을 치려면 불(火 =灬)을 지펴 거북이의 껍질이 갈라지는 것을 보는 데서, 또 그 뼈나 껍질이 다 타고 남은 검은 점이니 점 점 点

点菜 diǎncài 〔동〕 요리를 주문하다

战争 zhànzhēng 〔명〕 전쟁.

▶ 음(音)은 占(전)에서 가져오고, 창(戈)을 들고 싸우니 싸움 전 战

站 zhàn 동 서다. 바로 서다. 멈추다. 정지하다.
　　　 명 정류장. 정류소. 역.

- 사람(大)이 대지 위(一)에 서 있는 모습을 본 뜬 모양인 데서 설 립 立
- 자리를 차지하고(占) 서(立) 있으니 설 참 站*
- 점령한 곳에 중간 중간 역을 세워 사람과 말이 쉬도록 하니 역 참 站

예 你要站起来回答问题。 너는 일어서서 질문에 대답해야 한다.

연결하기

座位 zuòwèi 명 좌석.

- 사람 둘(人人)이 흙(土) 위에 앉아 있으니 앉을 좌 坐
- 아예 한쪽 벽이 터진 건물(广)에 자리를 잡고 앉아(坐) 있으니 자리 좌 座
- 옛날 중국이나 우리나라의 대궐에서 신하가 자기 신분에 맞는 자리에 서(立) 있었으므로 자리 위 位

Tip 자기 신분에 맞는 자리에 서 있었던 데서 신분이나 지위를 나타내기도 하고, 한 명씩 서 있었으므로 한 분, 두 분을 세는 양사로도 쓰인다.

位 wèi 양 분. 명. [사람을 세는 단위로 공경의 뜻을 내포함]

位置 wèizhi 명 지위. 위치.

地位 dìwèi 명 (사회적) 지위. 위치.

占

地铁站 dìtiězhàn 명 지하철역.

火车站 huǒchēzhàn 명 기차역.
▶ 이전의 기차는 석탄을 때어 불(火)의 힘으로 가는 차(車=车)인 데서 기차 **火车**

车站 chēzhàn 명 정류장. 정거장. 터미널. 역.

加油站 jiāyóuzhàn 명 주유소.
예 我去一趟加油站。나 주유소 좀 다녀올게요.

网站 wǎngzhàn 명 (인터넷) 웹사이트.
▶ 물고기를 잡는 그물 모양인데서 그물 망 **网***
예 你知道看电影的网站吗? 영화 볼 수 있는 웹사이트 알고 있어요?

商店 shāngdiàn 명 상점. 판매점.
▶ 점(占)을 보고 좋은 자리를 차지(占)하여 손님이 들어오도록 한쪽 벽을 튼 건물(广)에 가게를 여니 가게 점 **店**

书店 shūdiàn 명 서점. 책방.

56 占 점칠점, 점령할 점   225

饭店 fàndiàn 명 호텔. 식당.

酒店 jiǔdiàn 명 대형 호텔. 술집. 식당.

鞋店 xiédiàn 명 신발 가게.
▶ 가죽(革)으로 만든 것으로 흙(土)을 밟는 것은 신발인 데서 신 혜 鞋

예 我去鞋店试穿了好几款运动鞋。
나는 신발가게에 가서 운동화를 몇 켤레나 신어 보았다.

花店 huādiàn 명 꽃집.

火锅店 huǒguōdiàn 명 샤브샤브 음식점.
▶ 불(火)에 냄비(锅)를 올려놓고 먹는 것이니 샤브샤브 火锅*

예 这家火锅店最近很火。이 샤브샤브 집은 최근에 대박 났다.

手机店 shǒujīdiàn 명 휴대전화 가게.
▶ 음(音)은 几(기)에서 가져오고, 이전에는 나무(木)로 기계 틀을 만든 데서 틀 기 机
▶ 손(手)에 늘 들고 다니는 기계(机)는 휴대전화 手机

面包店 miànbāodiàn 명 제과점.

예) 他在面包店里打工。 그는 빵집에서 아르바이트를 한다.

咖啡店 kāfēidiàn 명 커피숍.

服装店 fúzhuāngdiàn 명 의류 상점. 옷 가게.

예) 服装店里挂着各种颜色的裙子qúnzi。
옷 가게에는 다양한 색상의 치마가 걸려 있다.

免税店 miǎnshuìdiàn 명 면세점.

▶ 토끼(免)가 덫에 걸렸으나 꼬리(丶)만 잘리고 죽음은 면했으니 면할 면 **免**

▶ 농민이 수확한 곡식(禾) 중에서 일부를 관청에 세로 바쳤으니 세금 세 **税**

예) 我在免税店买了送给朋友们的纪念品。
나는 면세점에서 친구들에게 줄 기념품을 샀다.

文具店 wénjùdiàn 명 문구점. 문방구.

▶ 재물(貝=贝)을 하나씩(一) 갖추는 데서 갖출 구 **具**

예) 他在文具店买了一卷透明tòumíng胶带jiāodài。
그는 문구점에서 투명 테이프 한 개를 샀다.

玩具店 wánjùdiàn 명 장난감 가게. 완구점.

▶ 음(音)은 元(원→완)에서 비슷하게 가져오고, 둥근 구슬(玉)을 가지고 노는 데서 놀 완 **玩**

家具店 jiājù 명 가구점.

— 같이 Tip +

| 玩具 wánjù 명 장난감. 완구.

| 家具 jiājù 명 가구.

| 具体 jùtǐ 형 구체적이다.

57

缶 (장군 부)
장군(배가 불룩하고 목 좁은 아가리가 있는 질그릇)의 모양을 본뜬 글자.

陶瓷 táocí 명 도자기.
- ▶ 언덕(阝=阜)에 위치한 가마(勹)에서 도자기(缶)를 굽는 데서 **질그릇 도 陶***
- ▶ 음(音)은 次(차→자)에서 비슷하게 가져오고, 기와(瓦)처럼 구워내는 그릇인 데서 **사기그릇 자 瓷**
- 예 中国的陶瓷在美国很受欢迎。 중국의 도자기는 미국에서 아주 인기가 있다.

陶醉 táozuì 동 도취하다.
- ▶ 졸병(卒)들은 전쟁 전후로 술(酉)을 마시고 취하니 **취할 취 醉**
- ▶ 도자기(陶)를 보고 그 예술미에 취(醉)하였으니 **도취하다 陶醉**
- 예 这里的景色让人陶醉。 이곳의 경치는 사람을 도취하게 한다.

掏 tāo 동 (손이나 도구로) 꺼내다. 끄집어 내다. 끌어내다.
　　　 동 파다. 후비다. 파내다. 퍼내다.
- ▶ 가마(勹)에서 손(扌=手)으로 도자기(缶)를 꺼내니 **꺼낼 도 掏***
- 예 把你的钱都掏出来。 네 돈을 다 꺼내봐.

葡萄 pútáo [명] 포도.

▶ 음(音)을 나타내는 匍(포)에 초두머리(艹)를 더해 포도 포 葡
▶ 음(音)을 나타내는 匋(도)에 초두머리(艹)를 더해 포도 도 萄

缺点 quēdiǎn [명] 결점. 단점. 부족한 점.

▶ 도자기(缶)가 깨져(夬) 결점이 생겼으므로 모자랄 결 缺
[예] 你必须改正自己的缺点。 당신은 자신의 결점을 반드시 고쳐야 합니다.

연결하기

尤의 우리나라 한자음은 '우'이고 중국어 음은 주로 'you'로 발음 한다.
尤(더욱 우) / 优(뛰어날 우) / 忧(근심할 우) / 鱿(오징어 우)

优点 yōudiǎn [명] 장점.

▶ 음(音)을 나타내는 우(尤)에 사람(亻=人)이 뛰어난 데서 뛰어날 우 优
[예] 他的优点是做事认真。 그의 장점은 일을 열심히 하는 것이다.

优秀 yōuxiù [형] (품행·학업·성적 등이) 아주 뛰어나다. 우수하다.

▶ 벼(禾)가 불룩(乃)하게 잘 익은 모습에서 빼어날 수 秀
[예] 他的学习成绩一直很优秀。 그의 학업 성적은 줄곧 아주 우수하다.

尤其 yóuqí [부] 더욱이. 특히.

[예] 他说的这个问题尤其重要。 그가 말하는 이 문제는 특히 중요하다.

57

忧愁 yōuchóu [형] 우울하다. 슬프다. 근심스럽다. 걱정스럽다.

▶ 음(音)은 우(尤)에서 가져오고, 마음(忄=心) 속에 근심이 가득하니 **근심 우 忧**

▶ 가을(秋)이 되면 메뚜기때 걱정, 겨울나기 걱정으로 마음(心=忄)이 근심스러우니 **근심 수 愁**

예) 我现在心里很忧愁。 나는 현재 마음이 몹시 우울하다.

鱿鱼 yóuyú [명] 오징어*

▶ 음(音)은 우(尤)에서 가져오고 오징어도 물고기(魚=鱼) 중의 하나이니 **오징어 우 鱿**

예) 你会做炒鱿鱼吗? 당신 오징어볶음 할 줄 알아요?

> **Tip** 炒鱿鱼는 '오징어를 볶다' 외에 '해고하다'의 의미로도 쓰인다. 예전에 집을 떠나 먼 곳에서 노동일을 하던 노동자들이 각자 자신의 이불을 가지고 다녔는데 일을 그만두게 되면 다시 이 이불을 둘둘 말아 떠나는 모습을 오징어를 볶을 때 오징어가 둘둘 말리는 모습에 비유하여 사용되기 시작하였다.
>
> 예) 我今天被公司炒鱿鱼了。 나 오늘 회사에서 짤렸어.

58

皿 **(그릇 명)**
받침이 있는 그릇 모양을 본뜬 글자.

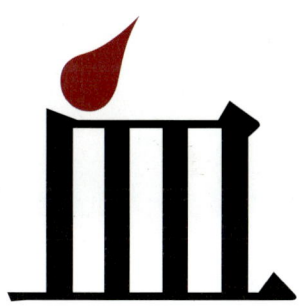

盆 pén 명 대야. 화분.
양 대야·화분 등으로 담는 수량을 세는 데 쓰임.
▶ 음(音)은 分(분)에서 가져오고, 그릇(皿)을 나타내는 데서 동이 분 盆
예 他端duān 着一盆水走进来。 그는 물 한 대야를 들고 걸어 들어왔다.

花盆 huāpén 명 화분.
예 她正在往花盆里浇jiāo水。 그녀는 지금 화분에 물을 주고 있다.

盘子 pánzi 명 쟁반. 접시.
예 这些盘子放哪儿？ 이 접시들은 어디에 놓을까요?

血 xuè 명 피. 혈액. 혈.
▶ 제사를 지낼 때 짐승의 핏방울(╱)이 그릇(皿)에 떨어지는 모양에서 피 혈 血*

血型 xuèxíng 명 혈액형.
예 你是什么血型？ 당신은 무슨 혈액형이에요?

58

血糖 xuětáng 명 혈당.

▶ 음(音)은 唐(당)에서 가져오고, 쌀(米)에 엿기름을 넣으면 사탕이 되니 **엿 당 糖**

예) 我最近血糖有点低。 나는 최근 혈당이 조금 낮다.

血管 xuèguǎn 명 혈관.

▶ 음(音)은 官(관)에서 가져오고, 대나무(竹=⺮)로 만든 대롱이나 피리인 데서 **대롱 관 管***

예) 这个护士打针时竟然找不到血管。
이 간호사는 주사를 놓을 때 뜻밖에도 혈관을 찾지 못했다.

연결하기

管理 guǎnlǐ 동 보관하고 처리하다. 관리하다. 관할하다.

예) 他把公司管理得很好。 그는 회사 관리를 아주 잘 한다.

Tip 피리의 구멍을 잘 보고 조절하는 데서 관리하는 의미로 많이 쓰인다.

利益 lìyì 명 이익. 이득.

▶ 벼(禾)를 낫(刂=刀)으로 베어 수확을 하면 이익이고 이로운 데서 **이로울 리 利**
▶ 벼(禾)를 베는 그 칼(刂=刀)이 날카로운 데서 **날카로울 리 利**
▶ 그릇(皿) 위로 돈이나 물건이 더해지니 넘치고 있는 모양에서 **더할 익 益**

예) 不要过于看重个人的利益。 지나치게 개인의 이익을 중요시하지 마라.

59

刀 = 刂 (칼 도)
칼을 본뜬 글자.

分 fēn 동 나누다. 가르다. 분류하다. 분리하다. 구분하다.*

예 把这些东西分成两份。 이것들을 두 몫으로 나눠라.

部分 bùfen 명 (전체 중의) 부분. 일부(분).

예 这是今天最重要的部分。 이것은 오늘의 가장 중요한 부분이다.

面粉 miànfěn 명 밀가루.

▶ 음(音)은 分(분)에서 가져오고, 쌀(米)을 나누고(分) 나누니 결국 가루가 되는 데서 가루 분 粉

▶ 면(面)이나 빵을 만드는 가루(粉)인 데서 밀가루 面粉

같이 Tip +

面包 miànbāo 명 빵.

▶ 밀가루(面)가 부풀어서 빵빵한(包) 빵이 만들어지니 빵 面包

花粉 huāfěn 명 꽃가루.

贫困 pínkùn 형 빈곤하다. 곤궁하다.

▶ 재산(貝=贝)을 나누고 나누니 결국 가난하게 되는 데서 가난할 빈 贫
▶ 나무(木)가 우리(口) 안에 갇혀서 잘 자라기가 곤란한 데서 곤란할 곤 困
예 他不知贫困是什么样子的。그는 가난이 어떤 것인지를 모른다.

切 qiē 동 (칼로) 끊다. 자르다. 썰다. 저미다.

▶ 음(音)은 七(칠 → 절)에서 비슷하게 가져오고, 칼로(刀=刂) 일곱(七) 번 자르고 끊는 데서 끊을 절 切*
예 这块肉硬不好切。이 고기는 질겨서 잘 썰어지지 않는다.

一切 yíqiè 대 일체. 전부. 모든.

예 钱不是一切。돈이 전부가 아녜요.

初 chū 형 처음의. 최초의.

▶ 칼(刀=刂)로 재단을 하는 것은 옷(衣)을 만드는 시초인 데서 처음 초 初
예 初次见面，请多多关照。처음 뵙겠습니다. 잘 부탁 드립니다.

剪刀 jiǎndāo 명 가위.

▶ 음(音)은 前(전)에서 가져오고, 가위 역시 칼(刀=刂)의 일종인 데서 가위 전 剪
예 用剪刀把它剪开。가위로 그것을 자르세요.

刀

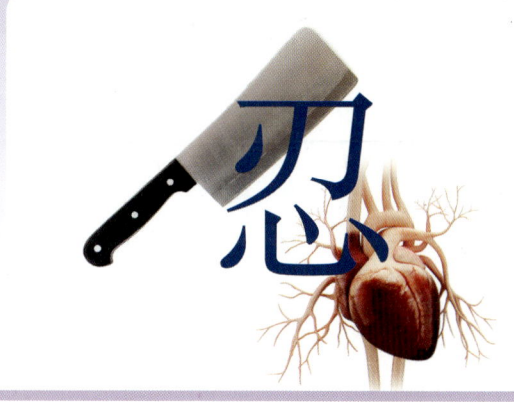

── 연결하기 ──

前面 qiánmian 명 (공간·위치상의) 앞.

剪发 jiǎnfà 동 머리를 깎다. 이발하다.

Tip 원래 모발을 나타내는 '발'의 번체자는 髮이나 발음이 같은 发를 사용한다. 이것은 간체자를 만드는 원리 중 같은 음의 다른 글자로 대체하는 경우로 裏(속 리) ➡ 里, 後(뒤 후) ➡ 后 등이 있다. (간체자 만드는 원리 참고 p 13)

예 你剪发以后漂亮多了。 당신은 머리를 자른 후 훨씬 예뻐졌어요.

忍 rěn 동 참다. 견디다.

▶ 칼(刀)에 획(ノ)을 그어 날이 있는 곳을 가리키는 데서 칼날 인 **刃**

▶ 칼날(刃)로 위협하면 마음(心=忄)으로 꾹 참으니 참을 인 **忍***

예 再难受也忍着吧。 아무리 괴로워도 참아라.

── 같이 Tip ＋ ──

忍耐心 rěnnàixīn 명 인내심.

▶ 옛날에 가벼운 죄는 수염을 깎는 것으로 처벌을 했는데 수염(而)을 손(寸)으로 잡고 깎을 때 치욕을 견디어야 하는 데서 견딜 내 **耐**

예 对待孩子需要忍耐心。 아이를 대함에 있어 인내심이 필요하다.

耐心 nàixīn 형 참을성이 있다. 인내심이 강하다. 명 인내심. 참을성.

예 他已经失去耐心了。 그는 이미 인내심을 잃어버렸다.

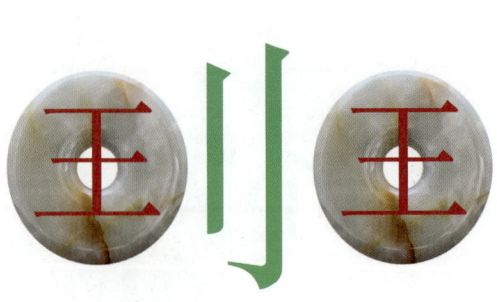

班长 bānzhǎng 명 반장.

▶ 칼(刂=刀)로 옥(玉=王)을 두 개로 나눈 데서 나눌 반 班*

예 我被老师选为这个学期的班长。 나는 선생님에 의해 이번 학기 반장으로 뽑혔다.

上班 shàngbān 동 출근하다.

▶ 중국어에서 班은 '근무'의 의미가 있으므로 출근하다 上班

예 你上班快要迟到chídào了。 당신 회사에 지각하겠어요.

下班 xiàbān 동 근무시간이 끝나다. 퇴근하다.

예 下班的时候我去接你。 퇴근할 때 데리러 갈게.

― 같이 Tip ✚ ―

上下班 shàngxiàbān 동 출퇴근하다.

예 上下班的时候地铁里的人特别多。 출퇴근할 때, 지하철에는 사람이 특히 많다.

加班 jiābān 동 초과근무를 하다. 시간 외 근무하다. 특근하다. 잔업하다.

▶ 힘써(力) 일을 하려면 입(口)으로 구령을 붙이거나 노래를 하면 힘이 더해지는 데서 더할 가 加

▶ 근무시간 외에 일(班)을 더하니(加) 잔업을 하다 加班

예 我们公司加班不给加班费。 우리 회사는 잔업을 해도 잔업수당을 지급하지 않는다.

换班 huànbān [동] 근무를 교대하다.

▶ 음(音)은 奐(환)에서 가져오고, 바꿀 때 손(扌=手)이 교차되는 데서 **바꿀 환 换**

[예] 再过五分钟就换班了。 5분만 더 있으면 근무를 교대한다.

判断 pànduàn [동] 판단하다. 판정하다. [명] 판단.

▶ 칼(刂=刀)을 들고 반(半)으로 쪼갤 때 어디가 반인지 판단해야 하므로 **판단할 판 判**
▶ 여러 개의 실(䜌=迷)을 조금씩 꺼내어 도끼(斤)로 끊으니 **끊을 단 断**

[예] 你要相信自己的判断。 너는 자신의 판단을 믿어야 한다.

雕刻 diāokè [동] 조각하다.

▶ 돼지(亥) 뼈에 칼(刂=刀)로 새기는 데서 **새길 각 刻**

[예] 雕刻也是一种艺术。 조각도 일종의 예술이다.

一刻 yíkè [명] 15분.*

[예] 你再等我一刻钟。 15분만 나를 더 기다려줘.

59 刀 칼도 237

排列 páiliè 동 배열하다. 정렬하다.

▶ 짐승을 죽인(歹=歺) 후 칼(刂=刀)로 잘라서 부위 별로 벌여 놓으니 벌릴 렬 列*

예 这些书排列得很整齐 zhěngqí。 이 책들은 아주 가지런하게 배열되었다.

列举 lièjǔ 동 열거하다.

예 你给大家列举几个例子。 당신은 모두에게 몇 가지 예를 열거해 주세요.

例如 lìrú 동 예를 들다. 예를 들면. 예컨대.

▶ 사람(亻=人)이 물건을 벌려(列) 놓은 것처럼 예를 들 때도 이러하니 본보기 례 例

利益 lìyì 명 이익. 이득.

▶ 벼(禾)를 낫(刂=刀)으로 베어 수확을 하면 이익이고 이로운 데서 이로울 리 利
▶ 벼(禾)를 베는 그 칼(刂=刀)이 날카로운 데서 날카로울 리 利
▶ 그릇(皿)에 돈이나 물건이 더해지니 넘치고 있는 모양에서 더할 익 益

예 他只看重自己的利益。 그는 자기의 이익만을 중요시한다.

利润 lìrùn 명 이윤.

▶ 음(音)은 闰(윤)에서 가져오고, 물(氵=水)이 충분히 불어나는 데서 불을 윤 润

예 这笔生意我们能得到多少利润?
이번 사업으로 우리는 얼마의 이윤을 얻을 수 있습니까?

60

戈 (창 과)
나무로 된 자루에 끝이 뾰족한 쇠붙이를 달고, 손잡이가 있음을 나타낸 모양.

我 wǒ [대] 나. 저.
▶ 남에게 창(戈)을 대고 나를 지키는 데서 나 아 我

找 zhǎo [동] 찾다. 구하다. 물색하다.
▶ 손(扌=手)에 창(戈)을 들고 적군을 모조리 찾아내는 데서 찾을 조 找

成功 chénggōng [동] 성공하다. 이루다. [형] 성공적이다.
▶ 戊(무)는 무기나 도구를 사용하여 사물을 완성한다는 데서 이룰 성 成
▶ 공구(工)를 이용해 힘(力)을 써서 공을 들인다는 데서 공로 공 功
[예] 希望这次能成功。 이번에는 성공하기를 바란다.

成分 chéngfèn [명] (구성) 성분. 요소. / 출신. 직업. 신분. 계급.
[예] 你说的这些成分我都没听过。 네가 말한 이 성분들은 나는 들어본 적 없어.

成人 chéngrén [명] 성인. 어른. [동] 어른이 되다.
[예] 长大成人以后就不要再依靠yīkào父母了。
커서 성인이 된 후에는 부모한테 더 이상 의존하지 마라.

成就 chéngjiù 몡 (사업상의) 성취. 성과. 업적.
동 (주로 사업을) 완성하다. 이루다.

예 恭喜gōngxǐ你取得今天的成就。 오늘의 성과를 얻으신 것을 축하드립니다.

成就感 chéngjiùgǎn 몡 성취감.

예 事业的成功使他尝到了成就感。 사업의 성공은 그에게 성취감을 맛보게 해 주었다.

成语 chéngyǔ 몡 성어. 관용어.

예 汉语中最难学的就是四字成语。 중국어 가운데 가장 어려운 것이 바로 사자성어이다.

成长 chéngzhǎng 동 생장하다. 성장하다. 자라다.

예 孩子的成长离不开父母的爱。 아이의 성장은 부모의 사랑이 없어서는 안 된다.

长城 Chángchéng '만리장성'의 줄임말.

▶ 흙(土)을 쌓아 성을 이루는(成) 데서 성 성 城*

예 长城在世界上很有名。 장성은 세계적으로 유명하다.

城市 chéngshì 명 도시.

▶ 시장에 가면 천(巾)에 판매하는 물품명을 적어 걸어(亠) 놓은 데서 **시장 시 市**
▶ 성(城) 안으로 들어가면 시장(市)이 있는 번화한 도시이니 **城市**＊

예 我对这个城市很陌生mòshēng。 나는 이 도시가 낯설다.

诚实 chéngshí 형 진실하다. 참되다. 성실하다.

▶ 말(言=讠)한 것을 이루려고(成) 정성을 다하는 데서 **정성 성 诚**
▶ 집(宀)에 재물이 머리(头) 꼭대기까지 가득한 모양이 씨가 잘 여물어 속이 꽉 찬 열매를 나타내는 데서 **열매 실 实**

예 你要做一个诚实的孩子。 너는 성실한 아이가 되어야 한다.

丰盛 fēngshèng 형 (음식 등이) 풍성하다. 성대하다. 융숭하다.

▶ 신에게 바칠 음식을 다 만들어서(成) 그릇(皿)에 풍성하게 담으니 **흥성할 성 盛**

예 宴会yànhuì餐桌上的饭菜十分丰盛。 잔칫상의 음식이 매우 푸짐하다.

같이 Tip ✚

丰富 fēngfù 형 많다. 풍부하다. 넉넉하다. 풍족하다.
　　　　　동 풍부하게 하다. 풍족하게 하다. 넉넉하게 하다.

▶ 집(宀)에 재물이 차(畐) 있는 사람은 부자이니 **부자 부 富**

예 他是一个想象力很丰富的孩子。 그는 상상력이 풍부한 아이이다.

威严 wēiyán 명 위엄. 위풍. 형 위풍당당하다.

▶ 권력을 잡고 있는 여자(女)가 창(戈)을 들고 서 있는 모습이 위엄 있어 위엄 위 威

예 他穿军服看起来很有威严。 그가 군복을 입으니 무척 위엄 있어 보인다.

战争 zhànzhēng 명 전쟁.

▶ 음(音)은 占(점 → 전)에서 비슷하게 가져오고, 창(戈)을 가지고 싸우는 데서 싸움 전 战*

예 这场战争终于结束了。 이번 전쟁이 마침내 종결되었다.

61

歹=歺* (살 바른 뼈 **알**)
살을 발라내고 남은 부서진 뼈의 모양을 본뜬 글자.

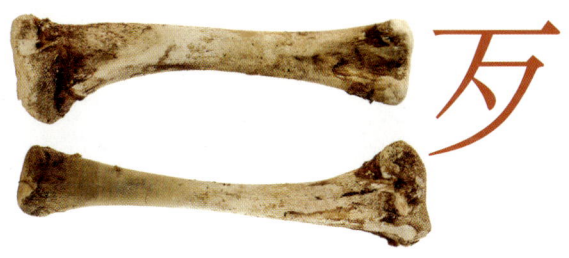

Tip 歹=歺은 '죽을 사 변'이라도 하며 주로 '죽음'과 관련이 있다.

死 sǐ 동 (생물이) 죽다. 생명을 잃다.

▶ 비수(匕)에 찔려 죽으니(歹=歺) 죽을 사 死

예 我养的小狗病死了，我很伤心。
　　내가 키우던 강아지가 병으로 죽어서 마음이 너무 아프다.

死亡 sǐwáng 명 사망. 멸망. 파국. 동 죽다. 사망하다. 생명을 잃다.

▶ 전쟁에서 검이 휘어지거나(乚) 부러지면 망한 것이니 망할 망 亡

예 老人的死亡率逐渐zhújiàn 降低jiàngdī。 노인 사망률이 점차 감소하고 있다.

忘 wàng 동 잊다.

▶ 음(音)은 亡(망)에서 가져오고, 주의하는 마음(心=忄)이 없어지는(亡) 데서 잊을 망 忘

예 我把那件事全都忘了。 나는 그 일을 전부 잊었다.

忙 máng 형 바쁘다. 틈이 없다.

▶ 음(音)은 亡(망)에서 가져오고, 바쁠 때는 마음(忄=心)이 흩어져 안정되지 않는 데서
바쁠 망 忙

列举 lièjǔ 동 열거하다.

▶ 짐승을 죽인(歹=歺) 후 칼로(刂=刀) 잘라서 부위별로 벌여 놓으니 벌릴 렬 列

예 你列举的这几点我都想到了。 네가 열거한 이 몇 가지는 나도 생각했던 것이다.

列车 lièchē 명 열차.

예 列车马上就要到站了。 열차가 곧 역에 도착한다.

热烈 rèliè 형 열렬하다.

▶ 음(音)은 列(열/렬)에서 가져오고, 불길(灬=火)이 사나운 데서 사나울 렬 烈*

예 我们以热烈的掌声zhǎngshēng欢迎他。 우리들은 뜨거운 박수로 그를 환영했다.

强烈 qiángliè 형 강렬하다. 맹렬하다.

예 我没想到他的反应这么强烈。 나는 그의 반응이 이토록 강렬할 줄 생각도 못했다.

激烈 jīliè 형 격렬하다. 치열하다.

예 这场比赛进行得很激烈。 이번 경기는 매우 치열하게 진행되었다.

分裂 fēnliè 동 분열하다. 결별하다.

▶ 칼(刀=刂)로 똑같이 대칭이 되도록 나누어(八) 자르니 나눌 분 分
▶ 음(音)은 列(열/렬)에서 가져오고, 옷(衣=衤)이 찢어지고 터지는 데서 찢어질 렬 裂*
예 我们国家一定不能分裂。우리나라는 분열되어서는 안 된다.

例子 lìzi 명 예. 보기. 본보기.

▶ 사람(亻=人)이 물건을 벌려(列) 놓은 것처럼 예를 들 때도 이러하니 본보기 례 例
예 我再给大家说一个例子。제가 여러분께 다시 한 가지 예를 말씀 드리겠습니다.

例如 lìrú 동 예(보기)를 들다. 예를 들면. 예컨대.

예 运动有很多种，例如跑步、游泳等。
운동에는 여러 종류가 있는데, 예를 들면 조깅, 수영 등이 있다.

殉葬 xùnzàng 동 순장하다.

▶ 죽은(歹=歺) 지 열흘(旬) 안에 따라 죽으니 따라 죽을 순 殉
▶ 시체를 위에도 풀(艹)로 아래도 풀(廾)로 감싸 장사를 지낸 데서 장사 지낼 장 葬
예 古代很多妃子都被要求殉葬。고대 많은 후궁들은 모두 순장을 요구 당했다.

> 연결하기 ↙

上旬 shàngxún 명 상순.

▶ 날(日)을 열흘씩 묶어 싸서(勹) 열흘을 나타내니 **열흘 순 旬**

예 十月上旬是红叶最漂亮的时候。 10월 상순은 단풍이 가장 아름다울 때이다.

中旬 zhōngxún 명 중순.

예 她大概下个月中旬左右生孩子。 그녀는 아마도 다음 달 중순쯤에 아이를 낳는다.

下旬 xiàxún 명 하순.

询问 xúnwèn 동 알아보다. 물어 보다. 의견을 구하다.

▶ 음(音)은 旬(순)에서 가져오고, 말(讠=言)로 물어보니 **물을 순 询**

예 经理询问了我们的工作情况。 사장님께서 우리의 작업 상황을 물어보셨다.

咨询 zīxún 동 자문하다. 상의하다. 의논하다. 의견을 구하다.

▶ 음(音)을 次(차→자)에서 비슷하게 가져오고, 입(口)으로 물어보니 **물을 자 咨**

예 你去那边的服务台咨询一下。 네가 저기 서비스 카운터에 가서 문의 좀 해봐.

残疾 cánjí 명 불구. 장애. 장애인. 불구자.

▶ 죽일(歹=歺) 때 창과 무기(戈)로 잔인하게 죽이니 **잔인할 잔 残**

▶ 화살(矢)에 맞아 병(疒)을 얻었으니 **병 질 疾**

▶ 잔인(残)하게 무기에 찔려 다치고 아픈(疾) 장애자가 되었으니 **残疾***

예 残疾运动会的运动员们都很坚强 jiānqiáng。

장애인 운동회의 운동선수들은 모두 매우 강인하다.

残忍 cánrěn [형] 잔인하다. 악랄하다. 악독하다. 잔혹하다.

▶ 칼(刀)에 획(丿)을 그어 날이 있는 곳을 가리키는 데서 칼날 인 刃

▶ 칼날(刃)로 위협하면 마음(心=忄)으로 꾹 참으니 참을 인 忍

[예] 这种行为太残忍了。 이런 행위는 너무 잔인하다.

같이 Tip +

忍耐心 rěnnàixīn [명] 인내심.

▶ 옛날에 가벼운 죄는 수염을 깎는 것으로 처벌을 했는데 수염(而)을 손(寸)으로 잡고 깎을 때 치욕을 견디어야 하는 데서 견딜 내 耐*

[예] 你太缺少忍耐心了。 너는 인내심이 너무 부족하다.

耐心 nàixīn [형] 참을성이 있다. 인내심이 강하다. [명] 인내심. 참을성.

[예] 她耐心地给小朋友解答问题。 그녀는 참을성 있게 어린이에게 문제를 풀어주었다.

特殊 tèshū [형] 특수하다. 특별하다.

▶ 절(寺)에 소(牛=牜)가 있는 것은 특별한 이유가 있다는 데서 특별할 특 特

> **Tip** 옛날 관청에서 중대한 일을 결정할 때는 보통의 것보다 크고 힘 센 소를 신의 제단에 바쳤는데 그런 특별한 소라는 데서 '특별하다'를 뜻하기도 한다.

▶ 음(音)은 朱(주→수)에서 비슷하게 가져오고, 사람을 죽일(歹=歺) 때 여러 가지 다른 방법을 사용한 데서 다를 수 殊

[예] 今天我送给你一份特殊的礼物。 오늘 제가 당신에게 특별한 선물을 드릴게요.

62

尸 (주검 시)
사람이 반듯이 누워 있는 모양을 본뜬 글자.

尸体 shītǐ 명 (사람이나 동물의) 시체.

▶ 사람(亻=人)의 가장 근본(本)인 것은 몸인 데서 몸 체 体

尸 niào 명 소변. 오줌. 동 오줌을 누다. 소변을 보다. 배뇨하다.

▶ 죽은(尸) 물(水)인 데서 오줌 뇨(요) 尿

예 那个小孩又尿裤子了。 그 아이는 또 바지에 오줌을 샀다.

糖尿病 tángniàobìng 명 당뇨병.

▶ 음(音)은 唐(당)에서 가져오고, 쌀밥(米)에 엿기름을 넣어 엿과 사탕이 되니 사탕 당 糖

▶ 뜻을 나타내는 疒에 음(音)을 나타내는 丙(병)을 합하여 병 병 病

예 她患糖尿病很多年了。 그녀는 당뇨병에 걸린 지 오래 되었다.

屎 shǐ 명 대변. 똥

▶ 사람의 몸에서 나오는 죽은(尸) 쌀(米)인 데서 똥 시 屎*

예 你把狗屎打扫干净。 당신은 개똥을 깨끗하게 치워주세요.

耳屎 ěrshǐ 명 귀지

▶ 귀(耳)에서 나오는 쓸모 없는 똥(屎)이니 귀지 **耳屎**

예 你让妈妈帮你挖wā耳屎。 너 엄마한테 귀지 파달라고 해.

眼屎 yǎnshǐ 명 눈곱.

▶ 눈(眼)에서 나오는 쓸모 없는 똥(屎)이니 눈곱 **眼屎***

예 你的眼屎没擦干净。 너 눈곱 깨끗하게 안 닦았네.

―― 같이 Tip ✚ ――

| **大便** dàbiàn 명 대변. 똥. 동 대변을 보다. 똥을 누다(싸다).
  예 这里不能随便suíbiàn大便。 이곳에서 함부로 대변을 봐서는 안 된다.

| **小便** xiǎobiàn 명 소변. 오줌. 동 소변 보다. 오줌 누다.
  예 带孩子去卫生间小便。 아이를 화장실에 데리고 가서 소변을 보세요.

屋子 wūzi 명 방.

▶ 사람(尸)이 이르러(至) 누워서 쉬는 곳인 데서 집 옥 **屋**

同屋 tóngwū 명 룸메이트. 방 짝. 방 친구.

▶ 방(屋)을 같이(同) 쓰는 사람이인 데서 룸메이트 同屋

— 같이 Tip +

| 同学 tóngxué 명 학우. 학교 친구. 동학. 동창(생). 동급생.
  ▶ 공부(学)를 같이(同) 하는 사람인 데서 학우 同学

| 同事 tóngshì 명 동료.
  ▶ 일(事)을 같이(同) 하는 사람인 데서 동료 同事

掌握 zhǎngwò 동 장악하다. 숙달하다. 정통하다. 파악하다.

▶ 다섯 손가락을 편 손(扌=手)의 모양으로 손바닥 장 掌
▶ 손(扌=手)으로 자기 집(屋) 안의 모든 일을 쥐고 있으니 쥘 악 握

握手 wòshǒu 동 악수하다. 손을 잡다.*

居住 jūzhù 동 살다. 거주하다.

▶ 사람(尸)이 가장 오래(古) 사는 곳은 집인 데서 살 거 居
▶ 등잔 접시 위에 불이 타고 있는 모양을 본뜬 데서 불빛 주 主
▶ 음(音)은 主(주)에서 가져오고, 사람(亻=人)이 사는 곳을 불빛(主) 보고 알았으니 살 주 住

63

疒 (병질 엄)
병상에 드러누운 모양을 본뜬 글자.

生病 shēngbìng 동 병이 나다. 발병하다. 병에 걸리다.
▶ 뜻을 나타내는 疒(엄)에 음(音)을 나타내는 丙(병)을 합하여 병 병 病*
예 生病就要在家好好儿休息。 몸이 아플 때는 집에서 푹 쉬어야 한다.

病人 bìngrén 명 환자. 병자.

― 같이 Tip +

| **患者** huànzhě 명 환자. 병자.
▶ 여러 조각의 고기(吕)를 꼬챙이(丨)로 꿰었으니 꼬챙이 찬 串
예 这名患者的病情很严重。 이 환자분의 병세가 매우 심각하다.

病房 bìngfáng 명 입원실. 병실.

病情 bìngqíng 명 병세.

毛病 máobìng 명 고장. 결점. 문제. 잘못.

病毒 bìngdú 명 바이러스. [컴퓨터 바이러스를 칭하기도 함]

瘦 shòu 혱 마르다. 여위다.

▶ 음(音)은 叟(수)에서 가져오고, 몸이 아프면(疒) 계속 살이 빠지고 수척해지니 여윌 수 瘦

예 你怎么瘦得这么快? 너 어떻게 살이 이렇게 빨리 빠졌니?

> 같이 Tip +
>
> ### 胖 pàng 혱 (몸이) 뚱뚱하다.
>
> ▶ 몸의 반이 다 비계살(月=肉)이니 뚱뚱하다는 데서 살찔 반 胖
>
> 예 她说喜欢胖一点的男人。 그녀는 몸이 좀 통통한 남자를 좋아한다고 말했다.
>
> Tip 살은 갑자기 '팡 pàng'하고 찌고 '쏘옥 shòu'하고 빠진다고 연상암기 해보자!!

痒 yǎng 혱 가렵다. 간지럽다.
 혱 ~하고 싶어 못 견디다. 좀이 쑤시다. 근질근질하다.

▶ 음(音)은 양(羊)에서 가져오고, 가려운 것 역시 병(疒)이므로 가려울 양 痒*

예 身上痒得忍不住了。 몸이 간지러워서 견딜 수가 없다.

疾病 jíbìng 몡 병. 질병.

▶ 화살(矢)에 맞아 병(疒)을 얻었으니 병 질 疾
▶ 화살(矢)에 맞으면 빨리 뽑아내야 하니 빠를 질 疾

예 我觉得最可怕就是疾病。 나는 가장 무서운 것이 질병이라고 생각한다.

疾患 jíhuàn 명 질환.

예 这是一种很常见的疾患。 이것은 흔히 볼 수 있는 질환입니다.

疲劳 píláo 형 피곤하다. 지치다.

▶ 피곤하고 아프면(疒)에 피부(皮)가 거칠고 좋지 않은 데서 피곤할 피 疲
▶ 풀(艹)을 뜯고 힘(力)을 쓰며 노동하는 데서 일할 노 劳

예 工作的压力让他感觉很疲劳。 일의 스트레스가 그를 매우 피곤하게 한다.

癌症 áizhèng 명 암의 통칭.

▶ 몹쓸 병(疒)에 걸린 사람은 전염을 방지하기 위해 여러 사람의 입(品)으로 의논하여 산(山)으로 옮긴 데서 암 암 癌
▶ 음(音)은 正(정→증)에서 비슷하게 가져오고, 병(疒)에 걸린 증세에서 증세 증 症

예 现在癌症是可以治疗zhìliáo的。 현재 암은 치료할 수 있는 병이다.

症状 zhèngzhuàng 명 증상. 증후.

예 你可以说一下症状吗? 증상을 좀 설명해 주실 수 있나요?

肺癌 fèi'ái 명 폐암.

▶ 몸(月=肉)에서 호흡을 맡고 있는 부위로 시장(市)통처럼 바쁜 곳이니 허파 폐 肺*

예 吸烟太多容易得dé肺癌。 너무 지나친 흡연은 폐암에 걸리기 쉽다.

肝癌 gān'ái 명 간암.

▶ 음(音)은 干(간)에서 가져오고, 사람 몸의 장기와 관련된 것에는 육달월(月=肉)을 주로 쓰는 데서 **간 肝**

예) 抽烟也会引起肝癌吗? 담배를 피우는 것도 간암을 일으킬 수 있나요?

胃癌 wèi'ái 명 위암.

▶ 田은 위장 안에 음식이 들어있는 모양으로 육월달(月=肉)을 더해 **밥통 위 胃**

예) 胃癌手术后要好好保养 bǎoyǎng。 위암 수술 후에 잘 관리하셔야 합니다.

痛 tòng 형 아프다. 괴롭다. 고통스럽다.

▶ 음(音)은 甬(용→통)에서 비슷하게 가져오고, 아픈(疒) 데서 **아플 통 痛**

예) 身体痛比不上心痛。 몸이 아픈 것은 마음이 아픈 것에 비할 수 없다.

痛苦 tòngkǔ 형 고통스럽다. 괴롭다. 명 고통. 아픔. 고초. 비통.

예) 她的态度让我很痛苦。 그녀의 태도가 나를 매우 괴롭게 했다.

疼 téng 형 아프다 동 몹시 귀여워하다. 끔찍하게 아끼다.

▶ 음(音)은 冬(동→통)에서 비슷하게 가져오고, 주로 겨울(冬)에 많이 아픈(疒) 데서 **아플 동 疼**

예) 牙疼是最让人受不了的。 치통이 제일 견디기 어렵다.

疼爱 téng'ài 동 몹시 귀여워하다(사랑하다).

▶ 손(爫)으로 사랑하는 이성친구(友)를 쓰다듬는 데서 **사랑 애 爱**

예) 妈妈很疼爱小儿子。 엄마는 막내 아들을 몹시 사랑한다.

부록

01 간체자 부수 명칭표
02 색인

부록 01 간체자 부수 명칭표

간체자 부수	한자 부수	훈음	간체자 부수	한자 부수	훈음
1획					
一	一	한 일	丨	丨	뚫을 곤
丶	丶	점 주	丿	丿	삐침 별
乙	乙	새 을	亅	亅	갈고리 궐
2획					
二	二	두 이	亠	亠	돼지 해, 머리 두
亻	人	사람 인	儿	兒	아이 아
入	入	들 입	冂	冂	멀 경
八	八	여덟 팔	冫	冫	이 수
冖	冖	민갓머리 멱	凵	凵	입벌린 감
几	幾	안석 궤	力	力	힘 력
刂	刀	칼 도	匕	匕	비수 비
勹	勹	쌀 포	匚	匚	감출 혜
匚	匚	터진입구 방	卜	卜	점 복
十	十	열 십	厂	厂	기슭 엄
卩	卩	병부 절	讠	言	말씀 언
阝	邑	고을 읍	阝	阜	언덕 부
厶	厶	사사 사	又	又	또 우
辶	辵	민책받침 인			
3획					
口	口	입 구	囗	囗	큰입구 국
土	土	흙 토	士	士	선비 사
夂	夂	뒤져올 치	夊	夊	천천히걸을 쇠
夕	夕	저녁 석	大	大	큰 대
女	女	계집 녀(여)	子	子	아들 자
宀	宀	갓머리 면	寸	寸	마디 촌
小	小	작을 소	尢	尢	절름발이 왕
尸	尸	주검 시	屮	屮	왼손 좌, 풀 철

山	山	뫼 산	川	巛	개미허리 천
工	工	장인 공	己	己	몸 기
巾	巾	수건 건	干	幹	방패 간, 줄기 간
幺	幺	작을 요	广	广	엄호 엄
辶	辵	책받침	廾	廾	스물입 발
弋	弋	주살 익	弓	弓	활 궁
ヨ	ヨ/彑	터진가로 왈	彡	彡	터럭 삼
彳	彳	두인변 척	忄	心	마음 심
氵	水	물 수	丬	爿	장수 장
犭	犬	개 견	门	門	문 문
扌	手	손 수	饣	食	밥 식
飞	飛	날 비	马	馬	말 마
艹	艸	풀 초	纟	糸	실 사
4획					
戈	戈	창 과	户	户	지게 호
夂	攴	둥글월 문	支	支	지탱할 지
斗	鬥	말 두, 싸울 투	文	文	글월 문
方	方	모 방	斤	斤	날 근
日	日	날 일	无	无/無	이미 기, 없을 무
月	月/肉	달 월	曰	曰	가로 왈
欠	欠	하품 흠	木	木	나무 목
歹	歹/歺	죽을 사	止	止	그칠 지
灬	火	불 화	殳	殳	갖은둥글월 문
片	片	조각 편	爫	爪	손톱 조
王	玉	구슬 옥	毛	毛	터럭 모
气	氣	기운 기	牛	牛	소 우
韦	韋	가죽 위	见	見	볼 견
毋	毋	말 무	比	比	견줄 비
父	父	아비 부	风	風	바람 풍
氏	氏	각씨 씨	礻	示	보일 시

耂	老	늙을 로	瓦	瓦	기와 와
爻	爻	점괘 효	长	長	길 장
车	車	수레 차	贝	貝	조개 패

5획

牙	牙	어금니 아	衤	衣	옷 의
鸟	鳥	새 조	甘	甘	달 감
生	生	날 생	用	用	쓸 용
田	田	밭 전	疋	疋	짝 필
疒	疒	병질 엄	癶	癶	필발머 리
白	白	흰 백	皮	皮	가죽 피
皿	皿	그릇 명	目	目	눈 목
矛	矛	창 모	矢	矢	화살 시
石	石	돌 석	龙	龍	용 룡
禸	禸	발자국 유	禾	禾	벼 화
穴	穴	구멍 혈	立	立	설 립
钅	金	쇠 금	瓜	瓜	오이 과
罒	网	그물 망			

6획

玄	玄	검을 현	发	髟	터럭 발
竹	竹	대 죽	米	米	쌀 미
艮	艮	괘이름 간	缶	缶	장군 부
羽	羽	깃 우	羊	羊	양 양
而	而	말이을 이	耒	耒	가래 뢰
耳	耳	귀 이	聿	聿	붓 율
肉	肉	고기 육	臣	臣	신하 신
自	自	스스로 자	至	至	이를 지
臼	臼	절구 구	舌	舌	혀 설
舛	舛	어그러질 천	舟	舟	배 주
齐	齊	가지런할 제	色	色	빛 색
虫	虫	벌레 충	虍	虍	범 호
行	行	다닐 행	血	血	피 혈
页	頁	머리 혈	西	西	덮을 아

7획

酉	酉	닭 유	角	角	뿔 각
里	裏	마을 리	谷	穀	골 곡
豆	豆	콩 두	豕	豕	돼지 시
豸	豸	갖은돼지 시	走	走	달아날 주
赤	赤	붉을 적	身	身	몸 신
足	足	발 족	辛	辛	매울 신
辰	辰	별 진	卤	鹵	소금 로
釆	釆	분별할 변	麦	麥	보리 맥
龟	龜	거북 귀			

8획

隶	隸	미칠 이	隹	隹	새 추
雨	雨	비 우	青	靑	푸를 청
非	非	아닐 비	齿	齒	이 치
鱼	魚	고기 어	黾	黽	맹꽁이 맹

9획

面	面/麵	낯 면	音	音	소리 음
首	首	머리 수	韭	韭	부추 구
香	香	향기 향	鬼	鬼	귀신 귀
革	革	가죽 혁	骨	骨	뼈 골

10획 이상

高	高	높을 고	鬲	鬲	솥 력
麻	麻	삼 마	鬯	鬯	술이름 창
鹿	鹿	사슴 록	黄	黃	누를 황
黍	黍	기장 서	黑	黑	검을 흑
鼻	鼻	코 비	黹	黹	바느질할 치
龠	龠	피리 약	鼎	鼎	솥 정
鼓	鼓	북 고	鼠	鼠	쥐 서

부록 02 색인

단어	병음	페이지
A		
啊	a	155
癌症	áizhèng	253
爱好	àihào	184
爱情	àiqíng	100
爱情片	àiqíngpiàn	144
安	ān	184
安静	ānjìng	25, 214
安排	ānpái	214
安全	ānquán	214
安慰	ānwèi	214
安装	ānzhuāng	214
按	àn	185
按摩	ànmó	185
按照	ànzhào	185
暗	àn	19
B		
吧	ba	155
白云	báiyún	74
搬	bān	89
搬家	bānjiā	89
班长	bānzhǎng	236
半	bàn	161
拌	bàn	89, 162
拌饭	bànfàn	89, 162
办法	bànfǎ	207
棒球	bàngqiú	174

단어	병음	페이지
包	bāo	195
包裹	bāoguǒ	44, 195
包子	bāozi	196
饱	bǎo	194
宝贝	bǎobèi	177, 215
宝贵	bǎoguì	177
保护	bǎohù	86
保险	bǎoxiǎn	48
抱	bào	91, 196
抱怨	bàoyuàn	91, 196
报道	bàodào	88
报告	bàogào	88, 163
报名	bàomíng	88
报纸	bàozhǐ	89
把握	bǎwò	80
悲观	bēiguān	131
杯子	bēizi	59
被	bèi	43
被子	bèizi	43
背	bèi	134
背景	bèijǐng	134
鼻子	bízi	58, 150
比	bǐ	191
比萨饼	bǐsàbǐng	194
比赛	bǐsài	191
笔	bǐ	72
闭嘴	bìzuǐ	54

단어	병음	페이지
编辑	biānjí	79
遍	biàn	78
变脸	biànliǎn	136
表达	biǎodá	45
表面	biǎomiàn	45
表明	biǎomíng	46
表情	biǎoqíng	25
表示	biǎoshì	31, 45
表现	biǎoxiàn	45
表演	biǎoyǎn	46
表扬	biǎoyáng	51
比较	bǐjiào	191
笔记本	bǐjìběn	72
闭幕	bìmù	49, 54
宾馆	bīnguǎn	193, 216
冰箱	bīngxiāng	70, 199
饼干	bǐnggān	194
病毒	bìngdú	251
病房	bìngfáng	251
病情	bìngqíng	251
病人	bìngrén	251
玻璃门	bōlimén	52
博士	bóshì	137
脖子	bózi	134
布	bù	47
不安	bù'ān	184
不断	búduàn	39
不足	bùzú	105

단어	병음	페이지
部分	bùfen	233
布料	bùliào	47

C

단어	병음	페이지
擦	cā	33, 90
财产	cáichǎn	177
材料	cáiliào	58, 178
采	cǎi	99
采访	cǎifǎng	99
采取	cǎiqǔ	99
踩	cǎi	100, 106
菜	cài	99
参加	cānjiā	130
餐厅	cāntīng	17
残疾	cánjí	246
残忍	cánrěn	247
仓库	cāngkù	42
参观	cānguān	130
草原	cǎoyuán	76
插花	chāhuā	92
插话	chāhuà	92
插头	chātóu	92
插嘴	chāzuǐ	92
差距	chājù	88
长城	Chángchéng	240
场所	chǎngsuǒ	50
唱歌	chànggē	118
抄	chāo	208
超市	chāoshì	50

단어	병음	페이지
炒	chǎo	208
吵	chǎo	208
吵架	chǎojià	208
吵醒	chǎoxǐng	211
车库	chēkù	42
车站	chēzhàn	225
沉默	chénmò	151
沉默	chénmò	151
成功	chénggōng	239
成就	chéngjiù	240
成就感	chéngjiùgǎn	240
成人	chéngrén	239
成语	chéngyǔ	240
成长	chéngzhǎng	240
诚实	chéngshí	241
城市	chéngshì	50, 241
吃醋	chīcù	210
吃饭	chīfàn	193
翅膀	chìbǎng	171
充电	chōngdiàn	203
充分	chōngfèn	203
充满	chōngmǎn	203
虫子	chóngzi	175
宠物	chǒngwù	216
抽	chōu	86
抽时间	chōu shíjiān	87
抽屉	chōuti	87
抽象	chōuxiàng	87

단어	병음	페이지
抽烟	chōuyān	87
臭	chòu	150
初	chū	41, 234
出示	chūshì	31
出租	chūzū	68
出租车	chūzūchē	68
厨房	chúfáng	56
处理	chǔlǐ	132
传染	chuánrǎn	201
窗台	chuāngtái	107
吹	chuī	116
吹风	chuīfēng	116
吹风机	chuīfēngjī	64, 116
吹牛	chuīniú	117
词典	cídiǎn	77
聪明	cōngming	123
醋	cù	210

D

단어	병음	페이지
答案	dá'àn	215
打	dǎ	83
打扮	dǎban	85
打包	dǎbāo	195
打电话	dǎ diànhuà	83
打哈欠	dǎ hāqian	116
打工	dǎgōng	85
打篮球	dǎ lánqiú	83
打雷	dǎléi	28
打扫	dǎsǎo	84

단어	병음	페이지
打算	dǎsuan	84
打听	dǎting	85
打印	dǎyìn	85
打印机	dǎyìnjī	65, 86
打折	dǎzhé	84
打针	dǎzhēn	85
大便	dàbiàn	249
大街	dàjiē	109
大使馆	dàshǐguǎn	193
大厅	dàtīng	17
带	dài	48
代表	dàibiǎo	46
代价	dàijià	182
代替	dàitì	182
贷款	dàikuǎn	181
袋子	dàizi	44, 183
单独	dāndú	153, 176
蛋糕	dàngāo	166
岛	dǎo	165
导演	dǎoyǎn	82
导游	dǎoyóu	82
递	dì	111
弟弟	dìdi	30, 112
地球	dìqiú	173
地铁站	dìtiězhàn	225
地位	dìwèi	224
第一次	dìyīcì	30, 112
点	diǎn	223

단어	병음	페이지
点菜	diǎncài	223
电	diàn	28
电话	diànhuà	29, 120
电脑	diànnǎo	29, 140
电扇	diànshàn	29
电扇机	diànshànjī	64
电视	diànshì	28, 31
电视机	diànshìjī	64
电视台	diànshìtái	107
电梯	diàntī	30, 112
电影	diànyǐng	20, 29
雕刻	diāokè	237
冬天	dōngtiān	199
动画片	dònghuàpiàn	144
动力	dònglì	142
动物	dòngwù	144, 163
动物园	dòngwùyuán	75
动作	dòngzuò	144
豆腐	dòufu	115
读	dú	218
独立	dúlì	153
肚子	dùzi	134
朵	duǒ	122

E

단어	병음	페이지
饿	è	194
儿女	érnǚ	104
儿童	értóng	96
儿子	érzi	104

단어	병음	페이지
耳朵	ěrduo	122
耳环	ěrhuán	122
耳屎	ěrshǐ	249

F

단어	병음	페이지
发愁	fāchóu	68
发挥	fāhuī	83
发酵	fājiào	211
法	fǎ	206
法规	fǎguī	207
法律	fǎlǜ	207
饭店	fàndiàn	226
饭馆	fànguǎn	193
方案	fāng'àn	215
方法	fāngfǎ	207
房东	fángdōng	56
房价	fángjià	55
房间	fángjiān	55
房子	fángzi	55
访问	fǎngwèn	99
放	fàng	93
放鞭炮	fàng biānpào	93
放弃	fàngqì	93
放松	fàngsōng	62, 94
放心	fàngxīn	93
飞机	fēijī	63
肥胖	féipàng	138
费用	fèiyòng	180
肺	fèi	139

단어	병음	페이지
肺癌	fèi'ái	253
分	fēn	233
分裂	fēnliè	245
愤怒	fènnù	188
丰富	fēngfù	241
丰盛	fēngshèng	241
风景	fēngjǐng	20, 134
风俗	fēngsú	212
蜂蜜	fēngmì	176
夫妻	fūqī	186
幅	fú	49
扶	fú	91
符合	fúhé	71, 115
服务员	fúwùyuán	73
服装店	fúzhuāngdiàn	227
腐败	fǔbài	115
附近	fùjìn	114
妇女	fùnǚ	84
付钱	fùqián	115
富人	fùrén	35
复习	fùxí	170
复印机	fùyìnjī	65

G

단어	병음	페이지
改	gǎi	94, 145
改正	gǎizhèng	94, 145
肝	gān	139
肝癌	gān'ái	254
干燥	gānzào	194

단어	병음	페이지
感情	gǎnqíng	25
钢笔	gāngbǐ	73
高尔夫球	gāo'ěrfūqiú	174
告诉	gàosu	162
胳膊	gēbo	137
哥哥	gēge	118
更年期	gēngniánqī	18
公布	gōngbù	47
公共汽车	gōnggòngqìchē	222
公斤	gōngjīn	114
公里	gōnglǐ	114
公务员	gōngwùyuán	73
公园	gōngyuán	75
工资	gōngzī	178
购买	gòumǎi	179
购物	gòuwù	179
孤儿	gū'ér	104
关节	guānjié	127
关系	guānxi	37
观察	guānchá	32, 90, 131
观点	guāndiǎn	131
观众	guānzhòng	131
管理	guǎnlǐ	232
逛商场	guàng shāngchǎng	113
逛街	guàngjiē	113
孤独	gūdú	103, 153, 176
古典	gǔdiǎn	77
股东	gǔdōng	56
股票	gǔpiào	56
骨头	gǔtou	57
鼓掌	gǔzhǎng	81
顾客	gùkè	217
贵	guì	177
果园	guǒyuán	75
果汁	guǒzhī	200
过马路	guò mǎlù	154
过期	guòqī	18

H

단어	병음	페이지
海洋	hǎiyáng	159, 201
害虫	hàichóng	175
寒假	hánjià	20, 199
行业	hángyè	109
好	hǎo	184
好人	hǎorén	184
好奇	hàoqí	156
好奇心	hàoqíxīn	156
和好	héhǎo	69
和睦	hémù	68
和谐	héxié	69
红酒	hóngjiǔ	209
红色	hóngsè	36
猴子	hóuzi	153
后悔	hòuhuǐ	186
后退	hòutuì	135

단어	병음	페이지
花店	huādiàn	226
花粉	huāfěn	233
花盆	huāpén	231
花园	huāyuán	75
滑	huá	204
滑冰	huábīng	204
滑水	huáshuǐ	204
滑雪	huáxuě	204
话题	huàtí	121
坏	huài	59
欢迎	huānyíng	117
环境	huánjìng	122
换班	huànbān	237
患者	huànzhě	141, 158, 251
黄瓜	huángguā	103
蝴蝶	húdié	176
灰尘	huīchén	37
灰色	huīsè	37
婚姻	hūnyīn	187
活动	huódòng	120, 202
活泼	huópo	120
火车站	huǒchēzhàn	225
火锅店	huǒguōdiàn	226
货架	huòjià	60
或者	huòzhě	111
呼吸	hūxī	148
护士	hùshi	86
互相	hùxiāng	128
护照	hùzhào	86

J

단어	병음	페이지
记	jì	147
记得	jìde	147
记录	jìlù	36, 147
记录片	jìlùpiàn	144
记忆力	jìyìlì	147
记者	jìzhě	147
机	jī	63
机场	jīchǎng	50
鸡	jī	165
鸡蛋	jīdàn	166
鸡肉	jīròu	141, 166
激烈	jīliè	244
肌肉	jīròu	63, 141
疾病	jíbìng	252
疾患	jíhuàn	252
集合	jíhé	168
集中	jízhōng	168
几点	jǐ diǎn	63
几个	jǐ ge	63
祭祀	jìsì	32, 90
计算	jìsuàn	72, 84
寄信	jìxìn	156
继续	jìxù	38
加班	jiābān	236
家电	jiādiàn	28

단어	병음	페이지
家家户户	jiājiāhùhù	55
家具	jiājù	227
家具店	jiājùdiàn	227
加油	jiāyóu	206
加油站	jiāyóuzhàn	206, 225
嫁	jià	125
价格	jiàgé	55
假期	jiàqī	18
驾驶	jiàshǐ	157
件	jiàn	164
肩膀	jiānbǎng	138
简单	jiǎndān	72
剪刀	jiǎndāo	234
剪发	jiǎnfà	235
减肥	jiǎnféi	138
见面	jiànmiàn	130
酱	jiàng	210
酱油	jiàngyóu	210
交	jiāo	190
交流	jiāoliú	190
交通	jiāotōng	113, 190
交往	jiāowǎng	190
脚	jiǎo	135
饺子	jiǎozi	192
教	jiāo, jiào	94
教材	jiàocái	57, 178
教授	jiàoshòu	94, 101
叫醒	jiàoxǐng	211

단어	병음	페이지
接触	jiēchù	175
街道	jiēdào	109
结果	jiéguǒ	59
结婚	jiéhūn	39, 187
节目	jiémù	127
节日	jiérì	127
结束	jiéshù	40, 59
解决	jiějué	162
介绍	jièshào	38
斤	jīn	114
近	jìn	114
进	jìn	110, 168
进步	jìnbù	168
进行	jìnxíng	109
禁止	jìnzhǐ	33
精彩	jīngcǎi	26
精神	jīngshén / jīngshen	34
警察	jǐngchá	33
镜子	jìngzi	128
酒	jiǔ	208
酒吧	jiǔbā	209
酒店	jiǔdiàn	209, 226
旧	jiù	17
救命	jiùmìng	173
居住	jūzhù	250
举杯	jǔbēi	109
举手	jǔshǒu	109
举行	jǔxíng	109

단어	병음	페이지
巨大	jùdà	61, 88
拒绝	jùjué	61, 87
距离	jùlí	88
具体	jùtǐ	227
卷舌音	juǎnshéyīn	119
军队	jūnduì	83
军人	jūnrén	83
军事	jūnshì	83

K

단어	병음	페이지
咖啡店	kāfēidiàn	227
咖啡机	kāfēijī	63
咖啡厅	kāfēitīng	17
开幕	kāimù	49
开始	kāishǐ	187
看法	kànfǎ	206
烤鸭	kǎoyā	167
客观	kèguān	132
客气	kèqi	222
客人	kèrén	132
客厅	kètīng	17, 217
空	kōng	219
空间	kōngjiān	219
空姐	kōngjiě	219
空气	kōngqì	220, 221
空调	kōngtiáo	220
恐怖片	kǒngbùpiàn	144
口袋	kǒudai	44, 183
哭	kū	150

단어	병음	페이지
苦瓜	kǔguā	102
裤子	kùzi	42
块	kuài	70
快	kuài	70
快递	kuàidì	111
筷子	kuàizi	70
昆虫	kūnchóng	175
困难	kùnnan	58

L

단어	병음	페이지
啦	la	155
辣椒酱	làjiāojiàng	210
篮球	lánqiú	71, 174
蓝色	lánsè	71
浪费	làngfèi	180
浪漫	làngmàn	180
劳动	láodòng	143
老师	lǎoshī	152
冷	lěng	198
冷冻	lěngdòng	198
力量	lìliang	142
力气	lìqi	142
例如	lìrú	238, 245
利润	lìrùn	69, 203, 238
利益	lìyì	69, 232, 238
历史	lìshǐ	143
例子	lìzi	245
联系	liánxì	38

단어	병음	페이지
连续	liánxù	38, 112
脸	liǎn	136
脸色	liǎnsè	136
练习	liànxí	39, 170
凉	liáng	198
凉快	liángkuai	198
列车	lièchē	244
列举	lièjǔ	238, 244
领导	lǐngdǎo	82
流泪	liúlèi	127, 203
流行	liúxíng	108
楼梯	lóutī	30, 112
录音	lùyīn	36
录音机	lùyīnjī	64
乱	luàn	121
旅馆	lǚguǎn	193
旅行	lǚxíng	108
绿色	lǜsè	36
律师	lǜshī	207

M

단어	병음	페이지
妈妈	māma	154
马路	mǎlù	154
马上	mǎshàng	154
骂	mà	155
吗	ma	155
嘛	ma	155
买	mǎi	218
卖	mài	218
满	mǎn	203
满意	mǎnyì	105
满足	mǎnzú	105
忙	máng	244
盲目	mángmù	129
盲人	mángrén	129
毛病	máobìng	251
毛巾	máojīn	47
毛衣	máoyī	41
冒险	màoxiǎn	48
帽子	màozi	48
美	měi	158
每天	měitiān	186
魅力	mèilì	142
妹妹	mèimei	143
闷	mēn	54
闷热	mēnrè	54
门	mén	52
迷	mí	110
迷惑	míhuò	111
迷路	mílù	111
秘密	mìmì	176
蜜蜂	mìfēng	176
免费	miǎnfèi	67
免税	miǎnshuì	66
免税店	miǎnshuìdiàn	227
面包	miànbāo	196, 233
面包店	miànbāodiàn	227

단어	병음	페이지
面粉	miànfěn	233
苗	miáo	152
苗条	miáotiao	152
描写	miáoxiě	152
明天	míngtiān	21
名字	míngzi	132
母亲	mǔqīn	186
目标	mùbiāo	126
木材	mùcái	57
牧场	mùchǎng	162
目的	mùdì	126
目的地	mùdìdì	126
目录	mùlù	126
目前	mùqián	126
牧童	mùtóng	96
木头	mùtou	57
牧业	mùyè	95
沐浴	mùyù	212
沐浴露	mùyùlù	212

N

단어	병음	페이지
拿	ná	80
拿出来	náchūlái	80
奶奶	nǎinai	185
耐心	nàixīn	235, 247
南瓜	nánguā	102
脑	nǎo	139
脑袋	nǎodai	140
闹	nào	54

단어	병음	페이지
呢	ne	155
鸟	niǎo	165
尿	niào	248
牛	niú	161
牛奶	niúnǎi	161, 185
牛肉	niúròu	141
奴	nú	187
努力	nǔlì	142, 188
女儿	nǚ'ér	104

O

단어	병음	페이지
哦	ó	155

P

단어	병음	페이지
爬	pá	98
爬长城	pá Chángchéng	98
爬楼梯	pá lóutī	98
爬虫类	páchónglèi	98
爬山	páshān	98
排列	páiliè	238
排球	páiqiú	173
盘子	pánzi	231
判断	pànduàn	161, 237
胖	pàng	138, 252
跑	pǎo	106, 196
跑步	pǎobù	106, 196
泡	pào	197
泡菜	pàocài	197
盆	pén	231
篇	piān	78

단어	병음	페이지
偏见	piānjiàn	79
骗	piàn	79
骗子	piànzi	79
漂亮	piàoliang	133
皮肤	pífū	136
皮肤病	pífūbìng	137
啤酒	píjiǔ	209
疲劳	píláo	137, 143, 253
皮鞋	píxié	137
贫困	pínkùn	234
葡萄	pútáo	229
普遍	pǔbiàn	78

Q

单词	병음	페이지
期间	qījiān	18
妻子	qīzi	186
奇怪	qíguài	156
骑马	qímǎ	156
起床	qǐchuáng	146
起飞	qǐfēi	146
起来	qǐlai	146
起源	qǐyuán	201
汽车	qìchē	222
汽油	qìyóu	222
气氛	qìfēn	221
气候	qìhòu	221
欠	qiàn	116
铅笔	qiānbǐ	72
钱包	qiánbāo	195

단어	병음	페이지
前进	qiánjìn	169
前面	qiánmian	235
强烈	qiángliè	244
敲门	qiāomén	96
切	qiē	234
清楚	qīngchu	24, 200
青春	qīngchūn	23
青春期	qīngchūnqī	23
青年	qīngnián	23
青少年	qīngshàonián	23
轻视	qīngshì	32
轻松	qīngsōng	61
晴天	qíngtiān	23
请	qǐng	24
请假	qǐngjià	24
请教	qǐngjiào	24
请客	qǐngkè	24
请求	qǐngqiú	25
求婚	qiúhūn	172
秋天	qiūtiān	68
娶	qǔ	125
取	qǔ	123
取得	qǔdé	123
取钱	qǔqián	123
取消	qǔxiāo	123
全球	quánqiú	173
缺点	quēdiǎn	229
群众	qúnzhòng	43, 160

단어	병음	페이지
裙子	qúnzi	43

R

단어	병음	페이지
染发	rǎnfà	51, 201
染色	rǎnsè	201
热烈	rèliè	244
热闹	rènào	54
人才	réncái	178
忍	rěn	235
忍耐心	rěnnàixīn	235, 247
容貌	róngmào	213
容易	róngyì	213

S

단어	병음	페이지
扫兴	sǎoxìng	84
色盲	sèmáng	129
沙发	shāfā	208
沙漠	shāmò	208
沙子	shāzi	208
傻瓜	shǎguā	103
扇扇子	shān shànzi	30
闪电	shǎndiàn	29
扇子	shànzi	30
商店	shāngdiàn	225
上班	shàngbān	236
上街	shàngjiē	109
上下班	shàngxiàbān	236
上旬	shàngxún	21, 246
上衣	shàngyī	41
蛇	shé	175
舌头	shétou	119
身材	shēncái	178
神	shén	33
神话	shénhuà	34
神秘	shénmì	34
生病	shēngbìng	251
生活	shēnghuó	120, 202
生气	shēngqì	221
声音	shēngyīn	19
失败	shībài	95
狮子	shīzi	152
尸体	shītǐ	248
失眠	shīmián	129
湿润	shīrùn	203
石头	shítou	57
时代	shídài	182
时间	shíjiān	17, 53
实话	shíhuà	217
实际	shíjì	217
实践	shíjiàn	218
实习	shíxí	171, 218
实现	shíxiàn	218
实验	shíyàn	218
实用	shíyòng	218
实在	shízài	217
屎	shǐ	248
市场	shìchǎng	50
适当	shìdàng	121

단어	병음	페이지
适合	shìhé	121
适应	shìyìng	121
试卷	shìjuàn	119
视力	shìlì	31
事件	shìjiàn	164
事实	shìshí	217
柿子	shìzi	59
收	shōu	95
收容	shōuróng	212
收入	shōurù	95
手表	shǒubiǎo	45
手册	shǒucè	77
手机	shǒujī	63
手机店	shǒujīdiàn	226
手指	shǒuzhǐ	82
瘦	shòu	138, 252
受	shòu	100
受欢迎	shòu huānyíng	101
受影响	shòu yǐngxiǎng	101
授予	shòuyǔ	101
刷卡机	shuākǎjī	65
刷牙	shuāyá	167
帅	shuài	152
书包	shūbāo	195
书店	shūdiàn	225
书法	shūfǎ	207
书柜	shūguì	61
书架	shūjià	60

단어	병음	페이지
蔬菜	shūcài	100
熟练	shúliàn	39
暑假	shǔjià	20
暑假	shǔjià	199
鼠标	shǔbiāo	62
束缚	shùfù	40, 59
水	shuǐ	200
水果	shuǐguǒ	200
睡觉	shuìjiào	129
睡眠	shuìmián	129
睡醒	shuìxǐng	211
说法	shuōfa	206
死	sǐ	243
死亡	sǐwáng	243
松树	sōngshù	61
松鼠	sōngshǔ	62
速度	sùdù	110
塑料袋	sùliàodài	44, 183
缩短	suōduǎn	216
缩小	suōxiǎo	216
宿舍	sùshè	216
酸	suān	210

T

단어	병음	페이지
抬	tái	90
太阳	tàiyáng	22
弹	tán	149
弹钢琴	tán gāngqín	149
唐代	tángdài	182

단어	병음	페이지
糖尿病	tángniàobìng	248
烫	tàng	51
烫发	tàngfà	51
烫伤	tàngshāng	51
烫衣服	tàng yīfu	51
掏	tāo	228
陶瓷	táocí	228
陶醉	táozuì	228
讨厌	tǎoyàn	150
特别	tèbié	164
特殊	tèshū	247
疼	téng	254
疼爱	téng'ài	254
踢	tī	106
提醒	tíxǐng	211
天气	tiānqì	221
甜	tián	119
甜蜜蜜	tiánmìmì	119
挑	tiāo	106
条件	tiáojiàn	164
跳	tiào	106
跳舞	tiàowǔ	107
铁门	tiěmén	52
题目	tímù	53, 127
提问	tíwèn	52
通话	tōnghuà	120
同事	tóngshì	250
同屋	tóngwū	250

단어	병음	페이지
同学	tóngxué	250
痛	tòng	254
痛苦	tòngkǔ	103, 254
头	tóu	218
投资	tóuzī	179
突出	tūchū	151, 219
突然	tūrán	151, 219
图案	tú'àn	215
图书馆	túshūguǎn	193
兔子	tùzi	67
推	tuī	169
推迟	tuīchí	169
推荐	tuījiàn	169
推拉	tuīlā	169
腿	tuǐ	135
退步	tuìbù	135
退休	tuìxiū	135

W

단어	병음	페이지
袜子	wàzi	43
外面	wàimian	132
玩具	wánjù	227
玩具店	wánjùdiàn	227
晚	wǎn	16
晚餐	wǎncān	17
晚饭	wǎnfàn	17
晚上	wǎnshang	17
网吧	wǎngbā	209
网球	wǎngqiú	173

단어	병음	페이지
网站	wǎngzhàn	225
忘	wàng	243
危险	wēixiǎn	48
威严	wēiyán	188, 242
委托	wěituō	66, 188
委员	wěiyuán	66
位	wèi	224
位置	wèizhi	224
胃	wèi	139
胃癌	wèi'ái	254
味道	wèidao	143
未婚	wèihūn	143
未来	wèilái	143
文化	wénhuà	189
文件	wénjiàn	189
文具	wénjù	189
文具店	wénjùdiàn	227
文盲	wénmáng	129
文明	wénmíng	189
文学	wénxué	189
文章	wénzhāng	19, 189
文字	wénzì	189
问	wèn	52
问候	wènhòu	53
问题	wèntí	53
我	wǒ	239
我们	wǒmen	52
握手	wòshǒu	80, 250

단어	병음	페이지
乌龙茶	wūlóngchá	167
污染	wūrǎn	200
乌鸦	wūyā	167
屋子	wūzi	249
舞台	wǔtái	107
雾	wù	27
物理	wùlǐ	163

X

단어	병음	페이지
西瓜	xīguā	102
西红柿	xīhóngshì	60, 102
吸烟	xīyān	87
吸引	xīyǐn	148
希望	xīwàng	133
习惯	xíguàn	171
洗车	xǐchē	205
洗脚	xǐjiǎo	205
洗手	xǐshǒu	205
洗头	xǐtóu	205
洗碗	xǐwǎn	205
洗碗机	xǐwǎnjī	64
洗衣服	xǐ yīfu	205
洗衣机	xǐyījī	64
洗澡	xǐzǎo	204
细菌	xìjūn	67
瞎	xiā	129
下班	xiàbān	236
下旬	xiàxún	21, 246
鲜明	xiānmíng	160

단어	병음	페이지
仙人掌	xiānrénzhǎng	81
现代	xiàndài	132, 182
现金	xiànjīn	132
现实	xiànshí	132
现象	xiànxiàng	132
现在	xiànzài	132
香肠	xiāngcháng	51, 67, 140
香港	Xiānggǎng	67
香瓜	xiāngguā	68, 102
香蕉	xiāngjiāo	68
相信	xiāngxìn	157
箱子	xiāngzi	70, 199
想	xiǎng	128
想法	xiǎngfǎ	206
消费	xiāofèi	124, 180
消化	xiāohuà	124
消极	xiāojí	124
消失	xiāoshī	124
消息	xiāoxi	124
小便	xiǎobiàn	249
小狗	xiǎogǒu	151, 166
小老虎	xiǎolǎohǔ	166
小鸡	xiǎojī	166
小猫	xiǎomāo	152
小气	xiǎoqi	221
小猪	xiǎozhū	166
效果	xiàoguǒ	192
效率	xiàolǜ	192

단어	병음	페이지
效能	xiàonéng	192
笑容	xiàoróng	213
校园	xiàoyuán	191
校长	xiàozhǎng	191
鞋店	xiédiàn	226
鞋柜	xiéguì	61
写信	xiě xìn	157
辛苦	xīnkǔ	103
心情	xīnqíng	221
新闻	xīnwén	53
新鲜	xīnxiān	160
信用卡	xìnyòngkǎ	157
行动	xíngdòng	108
行李箱	xínglǐxiāng	71, 199
行为	xíngwéi	108
醒	xǐng	211
姓	xìng	187
兴趣	xìngqù	124
熊掌	xióngzhǎng	81
修改	xiūgǎi	94, 146
休息	xiūxi	58
宣布	xuānbù	47
学历	xuélì	143
学期	xuéqī	18
学习	xuéxí	170
学校	xuéxiào	191
血	xuè	231
血管	xuèguǎn	232

단어	병음	페이지
血糖	xuètáng	232
血型	xuèxíng	231
雪	xuě	27
雪景	xuějǐng	134
循环	xúnhuán	122
询问	xúnwèn	21, 246
殉葬	xùnzàng	245

Y

单어	병음	페이지
呀	ya	155
鸭蛋	yādàn	167
牙膏	yágāo	140
烟灰	yānhuī	37
眼光	yǎnguāng	128
眼睛	yǎnjing	26, 128
眼镜	yǎnjìng	128
眼泪	yǎnlèi	127, 202
眼屎	yǎnshǐ	249
宴会	yànhuì	215
羊肉	yángròu	141, 158
羊肉串儿	yángròuchuànr	141, 158
阳台	yángtái	22, 107
痒	yǎng	160, 250
养	yǎng	158
养成	yǎngchéng	159
养育	yǎngyù	159
氧气	yǎngqì	160, 222
样子	yàngzi	159
腰	yāo	135

단어	병음	페이지
邀请	yāoqǐng	25
要求	yāoqiú	172
夜景	yèjǐng	134
一般	yìbān	89
一刻	yíkè	237
一切	yíqiè	234
衣服	yīfu	41
衣柜	yīguì	60
衣架	yījià	60
依靠	yīkào	41
医生	yīshēng	211
移民	yímín	68
已经	yǐjīng	145
椅子	yǐzi	156
亿	yì	147
阴天	yīntiān	22
阴阳	yīnyáng	22
音乐	yīnyuè	19
银行	yínháng	109
饮料	yǐnliào	117, 193
饮食	yǐnshí	117, 194
引起	yǐnqǐ	148
印象	yìnxiàng	86
影片	yǐngpiàn	144
永久	yǒngjiǔ	202
永远	yǒngyuǎn	202
优点	yōudiǎn	229
优秀	yōuxiù	66, 229

색인 277

단어	병음	페이지
忧愁	yōuchóu	230
幽默	yōumò	151
尤其	yóuqí	229
游泳	yóuyǒng	202
鱿鱼	yóuyú	230
有趣	yǒuqù	125
幼儿园	yòu'éryuán	75
羽毛球	yǔmáoqiú	171
雨伞	yǔsǎn	27
雨天	yǔtiān	27
预习	yùxí	170
预约	yùyuē	170
预报	yùbào	171
预订	yùdìng	170
元	yuán	74
原	yuán	75
原来	yuánlái	75
原料	yuánliào	76
原因	yuányīn	75
圆	yuán	74
圆形	yuánxíng	74
圆珠笔	yuánzhūbǐ	73
园	yuán	75
员	yuán	73
员工	yuángōng	181
远	yuǎn	74, 113
远洋	yuǎnyáng	159
怨	yuàn	76

단어	병음	페이지
愿	yuàn	76
愿望	yuànwàng	76, 133
愿意	yuànyì	76
月亮	yuèliang	133
运动	yùndòng	74, 113, 144
运气	yùnqi	222

Z

단어	병음	페이지
暂时	zànshí	19
早	zǎo	16
早餐	zǎocān	16
早饭	zǎofàn	16
早上	zǎoshang	16
占	zhàn	223
站	zhàn	224
战争	zhànzhēng	223, 242
掌握	zhǎngwò	81, 250
丈夫	zhàngfu	91, 186
招待	zhāodài	91
招聘	zhāopìn	92
找	zhǎo	239
照片	zhàopiàn	65
照相机	zhàoxiàngjī	65
政府	zhèngfǔ	96, 115
症状	zhèngzhuàng	253
植物	zhíwù	163
职员	zhíyuán	73, 181
指导	zhǐdǎo	82

단어	병음	페이지
指挥	zhǐhuī	82
中间	zhōngjiān	18, 54
中旬	zhōngxún	21, 246
忠诚	zhōngchéng	141
重视	zhòngshì	31
重要	zhòngyào	135
猪	zhū	153
猪肉	zhūròu	141
猪八戒	Zhūbājiè	153
抓	zhuā	97
抓紧	zhuājǐn	97
抓住	zhuāzhù	97
赚钱	zhuànqián	181
祝福	zhùfú	35
祝贺	zhùhè	34
追	zhuī	112
追求	zhuīqiú	113, 172
资金	zījīn	179
资料	zīliào	178
资源	zīyuán	179
咨询	zīxún	246
紫色	zǐsè	37
自己	zìjǐ	145
字幕	zìmù	49
宗教	zōngjiào	32
租金	zūjīn	68
足球	zúqiú	105, 174
醉	zuì	211

단어	병음	페이지
最初	zuìchū	41
昨天	zuótiān	21
做法	zuòfǎ	207
座位	zuòwèi	224

쓰기 BOOK

시사중국어사

중국어는 섹시해 쓰기 BOOK

01 日

早	早	早	
早上	早上	早上	
早饭	早饭	早饭	
早餐	早餐	早餐	
晚	晚	晚	
晚上	晚上	晚上	
晚饭	晚饭	晚饭	
晚餐	晚餐	晚餐	
旧	旧	旧	
时间	时间	时间	

中间	中间	中间	
期间	期间	期间	
暗	暗	暗	
暂时	暂时	暂时	
暑假	暑假	暑假	
风景	风景	风景	
电影	电影	电影	
明天	明天	明天	
昨天	昨天	昨天	
中旬	中旬	中旬	
询问	询问	询问	
太阳	太阳	太阳	

阴阳	阴阳	阴阳	
阳台	阳台	阳台	
晴天	晴天	晴天	

02 雨

雨天	雨天	雨天	
雨伞	雨伞	雨伞	
雾	雾	雾	
雪	雪	雪	

03 電=电

电	电	电	
家电	家电	家电	

电视	电视	电视	
打雷	打雷	打雷	
闪电	闪电	闪电	
电话	电话	电话	
电影	电影	电影	
电脑	电脑	电脑	
电扇	电扇	电扇	
电梯	电梯	电梯	

04 示=礻

出示	出示	出示	
表示	表示	表示	

视力	视力	视力	
重视	重视	重视	
轻视	轻视	轻视	
宗教	宗教	宗教	
祭祀	祭祀	祭祀	
观察	观察	观察	
警察	警察	警察	
擦	擦	擦	
禁止	禁止	禁止	
神	神	神	
精神	精神	精神	
神话	神话	神话	

神秘	神秘	神秘	
祝贺	祝贺	祝贺	
祝福	祝福	祝福	

05 糸=糹=纟

红色	红色	红色	
绿色	绿色	绿色	
紫色	紫色	紫色	
关系	关系	关系	
联系	联系	联系	
介绍	介绍	介绍	
继续	继续	继续	
不断	不断	不断	

练习	练习	练习	
熟练	熟练	熟练	
结婚	结婚	结婚	
结束	结束	结束	
束缚	束缚	束缚	

06 衣 = 衤

衣服	衣服	衣服	
上衣	上衣	上衣	
毛衣	毛衣	毛衣	
依靠	依靠	依靠	
初	初	初	

最初	最初	最初	
裤子	裤子	裤子	
裙子	裙子	裙子	
袜子	袜子	袜子	
衬衫	衬衫	衬衫	
被	被	被	
被子	被子	被子	
袋子	袋子	袋子	
塑料袋	塑料袋	塑料袋	
口袋	口袋	口袋	
包裹	包裹	包裹	

07 表

手表	手表	手表	
表面	表面	表面	
表现	表现	表现	
表达	表达	表达	
表明	表明	表明	
代表	代表	代表	
表演	表演	表演	

08 巾

毛巾	毛巾	毛巾	
布	布	布	
布料	布料	布料	

宣布	宣布	宣布	
公布	公布	公布	
帽子	帽子	帽子	
带	带	带	
幅	幅	幅	
开幕	开幕	开幕	
闭幕	闭幕	闭幕	
字幕	字幕	字幕	
市场	市场	市场	
超市	超市	超市	
城市	城市	城市	

09 門=门

门	门	门	
铁门	铁门	铁门	
玻璃门	玻璃门	玻璃门	
我们	我们	我们	
问	问	问	
提问	提问	提问	
问题	问题	问题	
问候	问候	问候	
新闻	新闻	新闻	
闷	闷	闷	
闷热	闷热	闷热	

闹	闹	闹	
热闹	热闹	热闹	
闭嘴	闭嘴	闭嘴	

10 户

房子	房子	房子	
房间	房间	房间	
房价	房价	房价	
房东	房东	房东	
厨房	厨房	厨房	

11 木

木头	木头	木头	
木材	木材	木材	
教材	教材	教材	
材料	材料	材料	
休息	休息	休息	
困难	困难	困难	
杯子	杯子	杯子	
结果	结果	结果	
柿子	柿子	柿子	
西红柿	西红柿	西红柿	
书架	书架	书架	

货架	货架	货架	
衣架	衣架	衣架	
衣柜	衣柜	衣柜	
鞋柜	鞋柜	鞋柜	
书柜	书柜	书柜	
松树	松树	松树	
轻松	轻松	轻松	
放松	放松	放松	
松鼠	松鼠	松鼠	
鼠标	鼠标	鼠标	
机	机	机	
飞机	飞机	飞机	

手机	手机	手机	
咖啡机	咖啡机	咖啡机	
录音机	录音机	录音机	
洗碗机	洗碗机	洗碗机	
洗衣机	洗衣机	洗衣机	
电扇机	电扇机	电扇机	
电视机	电视机	电视机	
吹风机	吹风机	吹风机	
打印机	打印机	打印机	
复印机	复印机	复印机	
刷卡机	刷卡机	刷卡机	
照相机	照相机	照相机	

12 禾

委员	委员	委员	
委托	委托	委托	
优秀	优秀	优秀	
免税	免税	免税	
细菌	细菌	细菌	
香	香	香	
香港	香港	香港	
香肠	香肠	香肠	
香蕉	香蕉	香蕉	
香瓜	香瓜	香瓜	
移民	移民	移民	

租金	租金	租金	
出租	出租	出租	
出租车	出租车	出租车	
秋天	秋天	秋天	
发愁	发愁	发愁	
和睦	和睦	和睦	
和好	和好	和好	
和谐	和谐	和谐	
利益	利益	利益	
利润	利润	利润	

13 竹=𥫗

筷子	筷子	筷子	
箱子	箱子	箱子	
冰箱	冰箱	冰箱	
行李箱	行李箱	行李箱	
符合	符合	符合	
篮球	篮球	篮球	
简单	简单	简单	
计算	计算	计算	
笔	笔	笔	
笔记本	笔记本	笔记本	
铅笔	铅笔	铅笔	

钢笔	钢笔	钢笔	
圆珠笔	圆珠笔	圆珠笔	
员	员	员	
圆	圆	圆	
元	元	元	
远	远	远	
园	园	园	
原	原	原	
愿	愿	愿	
怨	怨	怨	

14 册

| 手册 | 手册 | 手册 | |

15 扁

篇	篇	篇	
遍	遍	遍	
普遍	普遍	普遍	
编辑	编辑	编辑	
偏见	偏见	偏见	
骗	骗	骗	
骗子	骗子	骗子	

16 手=扌

拿	拿	拿	
拿出来	拿出来	拿出来	
握手	握手	握手	
把握	把握	把握	
掌握	掌握	掌握	
仙人掌	仙人掌	仙人掌	
熊掌	熊掌	熊掌	
鼓掌	鼓掌	鼓掌	
手指	手指	手指	
指导	指导	指导	
指挥	指挥	指挥	

发挥	发挥	发挥	
打	打	打	
打电话	打电话	打电话	
打篮球	打篮球	打篮球	
打折	打折	打折	
打扫	打扫	打扫	
扫兴	扫兴	扫兴	
打算	打算	打算	
打工	打工	打工	
打听	打听	打听	
打扮	打扮	打扮	
打针	打针	打针	

打印	打印	打印	
保护	保护	保护	
护士	护士	护士	
护照	护照	护照	
抽	抽	抽	
抽屉	抽屉	抽屉	
抽烟	抽烟	抽烟	
抽时间	抽时间	抽时间	
抽象	抽象	抽象	
拒绝	拒绝	拒绝	
报告	报告	报告	
报道	报道	报道	

报名	报名	报名	
报纸	报纸	报纸	
拌	拌	拌	
拌饭	拌饭	拌饭	
搬	搬	搬	
搬家	搬家	搬家	
抬	抬	抬	
扶	扶	扶	
抱	抱	抱	
抱怨	抱怨	抱怨	
招待	招待	招待	
招聘	招聘	招聘	

插嘴	插嘴	插嘴	
插头	插头	插头	
插花	插花	插花	
插话	插话	插话	

17 攵 = 支

放	放	放	
放心	放心	放心	
放鞭炮	放鞭炮	放鞭炮	
放弃	放弃	放弃	
改	改	改	
改正	改正	改正	

修改	修改	修改	
教	教	教	
教授	教授	教授	
收	收	收	
收入	收入	收入	
失败	失败	失败	
牧业	牧业	牧业	
牧童	牧童	牧童	
政府	政府	政府	
敲门	敲门	敲门	
骗子	骗子	骗子	

18 爪 = 爫

抓	抓	抓	
抓住	抓住	抓住	
抓紧	抓紧	抓紧	
爬	爬	爬	
爬山	爬山	爬山	
爬楼梯	爬楼梯	爬楼梯	
爬长城	爬长城	爬长城	
爬虫类	爬虫类	爬虫类	
采	采	采	
采访	采访	采访	
采取	采取	采取	

菜	菜	菜	
蔬菜	蔬菜	蔬菜	
踩	踩	踩	
爱情	爱情	爱情	
受	受	受	
受影响	受影响	受影响	
受欢迎	受欢迎	受欢迎	
授予	授予	授予	

19 瓜

南瓜	南瓜	南瓜	
西瓜	西瓜	西瓜	

苦瓜	苦瓜	苦瓜	
黄瓜	黄瓜	黄瓜	
傻瓜	傻瓜	傻瓜	
孤独	孤独	孤独	
孤儿	孤儿	孤儿	

20 足=𠯽

足球	足球	足球	
满足	满足	满足	
不足	不足	不足	
踢	踢	踢	
跑	跑	跑	

跑步	跑步	跑步	
跳	跳	跳	

21 舛

跳舞	跳舞	跳舞	
舞台	舞台	舞台	

22 彳

旅行	旅行	旅行	
行动	行动	行动	
行为	行为	行为	
流行	流行	流行	
举行	举行	举行	

进行	进行	进行	
行业	行业	行业	
银行	银行	银行	
大街	大街	大街	
街道	街道	街道	
上街	上街	上街	

23 辶

进	进	进	
速度	速度	速度	
迷	迷	迷	
迷路	迷路	迷路	

迷惑	迷惑	迷惑	
递	递	递	
快递	快递	快递	
连续	连续	连续	
追	追	追	
追求	追求	追求	
交通	交通	交通	
逛街	逛街	逛街	
逛商场	逛商场	逛商场	
附近	附近	附近	
近	近	近	

24 欠

欠	欠	欠	
打哈欠	打哈欠	打哈欠	
吹	吹	吹	
吹风	吹风	吹风	
吹牛	吹牛	吹牛	
欢迎	欢迎	欢迎	
饮料	饮料	饮料	
饮食	饮食	饮食	
唱歌	唱歌	唱歌	

25 舌

舌头	舌头	舌头	

卷舌音	卷舌音	卷舌音	
甜	甜	甜	
生活	生活	生活	
活动	活动	活动	
活泼	活泼	活泼	
通话	通话	通话	
话题	话题	话题	
乱	乱	乱	
适合	适合	适合	
适应	适应	适应	
适当	适当	适当	

26 耳

耳朵	耳朵	耳朵	
耳环	耳环	耳环	
聪明	聪明	聪明	
取	取	取	
取钱	取钱	取钱	
取得	取得	取得	
取消	取消	取消	
兴趣	兴趣	兴趣	
有趣	有趣	有趣	
娶	娶	娶	

27 目

目标	目标	目标	
目的	目的	目的	
目前	目前	目前	
目录	目录	目录	
节目	节目	节目	
题目	题目	题目	
眼泪	眼泪	眼泪	
流泪	流泪	流泪	
眼光	眼光	眼光	
眼睛	眼睛	眼睛	
眼镜	眼镜	眼镜	

互相	互相	互相	
想	想	想	
睡觉	睡觉	睡觉	
睡眠	睡眠	睡眠	
失眠	失眠	失眠	
瞎	瞎	瞎	
盲人	盲人	盲人	
文盲	文盲	文盲	
色盲	色盲	色盲	
盲目	盲目	盲目	

28 見=见

见面	见面	见面	
参观	参观	参观	
观点	观点	观点	
观众	观众	观众	
悲观	悲观	悲观	
客观	客观	客观	
现在	现在	现在	
现代	现代	现代	
现金	现金	现金	
现实	现实	现实	
现象	现象	现象	

29 月=肉

月亮	月亮	月亮	
愿望	愿望	愿望	
希望	希望	希望	
背	背	背	
背景	背景	背景	
脖子	脖子	脖子	
肚子	肚子	肚子	
脚	脚	脚	
腿	腿	腿	
腰	腰	腰	
脸	脸	脸	

脸色	脸色	脸色	
皮肤	皮肤	皮肤	
皮肤病	皮肤病	皮肤病	
胳膊	胳膊	胳膊	
肩膀	肩膀	肩膀	
胖	胖	胖	
减肥	减肥	减肥	
肥胖	肥胖	肥胖	
肝	肝	肝	
胃	胃	胃	
肺	肺	肺	
脑	脑	脑	

脑袋	脑袋	脑袋	
牙膏	牙膏	牙膏	
牛肉	牛肉	牛肉	
猪肉	猪肉	猪肉	
鸡肉	鸡肉	鸡肉	
肌肉	肌肉	肌肉	
羊肉	羊肉	羊肉	

30 力

力气	力气	力气	
力量	力量	力量	
努力	努力	努力	

动力	动力	动力	
魅力	魅力	魅力	
历史	历史	历史	
学历	学历	学历	
疲劳	疲劳	疲劳	
劳动	劳动	劳动	
动物	动物	动物	
运动	运动	运动	
动作	动作	动作	
动画片	动画片	动画片	

31 己

自己	自己	自己	
起床	起床	起床	
起来	起来	起来	
起飞	起飞	起飞	
记	记	记	
记录	记录	记录	
记者	记者	记者	
记得	记得	记得	
记忆力	记忆力	记忆力	

32 弓

引起	引起	引起	
吸引	吸引	吸引	
弹	弹	弹	
弹钢琴	弹钢琴	弹钢琴	

33 犭=犬

臭	臭	臭	
哭	哭	哭	
讨厌	讨厌	讨厌	
突然	突然	突然	
突出	突出	突出	
沉默	沉默	沉默	

幽默	幽默	幽默	
小狗	小狗	小狗	
小猫	小猫	小猫	
狮子	狮子	狮子	
猴子	猴子	猴子	
猪	猪	猪	
猪八戒	猪八戒	猪八戒	
单独	单独	单独	
独立	独立	独立	

34 馬=马

马上	马上	马上	
马路	马路	马路	

过马路	过马路	过马路	
妈妈	妈妈	妈妈	
骂	骂	骂	
吗	吗	吗	
骑马	骑马	骑马	
寄信	寄信	寄信	
驾驶	驾驶	驾驶	

35 羊

美	美	美	
养	养	养	
养育	养育	养育	
养成	养成	养成	

样子	样子	样子	
海洋	海洋	海洋	
远洋	远洋	远洋	
氧气	氧气	氧气	
痒	痒	痒	
新鲜	新鲜	新鲜	
鲜明	鲜明	鲜明	
群众	群众	群众	

36 牛=牜

牛	牛	牛	
牛奶	牛奶	牛奶	

半	半	半	
判断	判断	判断	
拌	拌	拌	
牧场	牧场	牧场	
解决	解决	解决	
告诉	告诉	告诉	
植物	植物	植物	
物理	物理	物理	
特别	特别	特别	
件	件	件	
事件	事件	事件	
条件	条件	条件	

37 鳥=鸟

鸟	鸟	鸟	
岛	岛	岛	
鸡	鸡	鸡	
鸡蛋	鸡蛋	鸡蛋	
小鸡	小鸡	小鸡	
鸭蛋	鸭蛋	鸭蛋	
烤鸭	烤鸭	烤鸭	
乌鸦	乌鸦	乌鸦	
乌龙茶	乌龙茶	乌龙茶	

38 隹

集合	集合	集合	

集中	集中	集中	
进步	进步	进步	
前进	前进	前进	
推	推	推	

39 羽

复习	复习	复习	
学习	学习	学习	
预习	预习	预习	
实习	实习	实习	
习惯	习惯	习惯	
翅膀	翅膀	翅膀	
羽毛球	羽毛球	羽毛球	

40 求

要求	要求	要求	
求婚	求婚	求婚	
救命	救命	救命	
地球	地球	地球	
全球	全球	全球	
网球	网球	网球	
排球	排球	排球	
棒球	棒球	棒球	

41 虫

虫子	虫子	虫子	
害虫	害虫	害虫	

昆虫	昆虫	昆虫	
蛇	蛇	蛇	
接触	接触	接触	
蝴蝶	蝴蝶	蝴蝶	
蜂蜜	蜂蜜	蜂蜜	
蜜蜂	蜜蜂	蜜蜂	

42 貝=贝

宝贝	宝贝	宝贝	
贵	贵	贵	
宝贵	宝贵	宝贵	
财产	财产	财产	
资料	资料	资料	

工资	工资	工资	
资金	资金	资金	
资源	资源	资源	
投资	投资	投资	
购物	购物	购物	
购买	购买	购买	
消费	消费	消费	
费用	费用	费用	
浪费	浪费	浪费	
职员	职员	职员	
员工	员工	员工	
赚钱	赚钱	赚钱	

| 贷款 | 贷款 | 贷款 | |

43 代

唐代	唐代	唐代	
时代	时代	时代	
代价	代价	代价	
代替	代替	代替	

44 女

好	好	好	
好人	好人	好人	
爱好	爱好	爱好	
安	安	安	
不安	不安	不安	

按	按	按	
按摩	按摩	按摩	
按照	按照	按照	
母亲	母亲	母亲	
每天	每天	每天	
后悔	后悔	后悔	
奶奶	奶奶	奶奶	
妻子	妻子	妻子	
夫妻	夫妻	夫妻	
开始	开始	开始	
姓	姓	姓	
婚姻	婚姻	婚姻	

奴	奴	奴	
愤怒	愤怒	愤怒	
威严	威严	威严	

45 文

文化	文化	文化	
文件	文件	文件	
文具	文具	文具	
文明	文明	文明	
文学	文学	文学	
文字	文字	文字	
文章	文章	文章	

46 交

交	交	交	
交流	交流	交流	
交往	交往	交往	
比较	比较	比较	
学校	学校	学校	
校长	校长	校长	
校园	校园	校园	
效果	效果	效果	
效率	效率	效率	
效能	效能	效能	
饺子	饺子	饺子	

47 食=食=饣

吃饭	吃饭	吃饭	
饭馆	饭馆	饭馆	
饼干	饼干	饼干	
比萨饼	比萨饼	比萨饼	
饿	饿	饿	
饱	饱	饱	

48 包

包	包	包	
打包	打包	打包	
书包	书包	书包	
钱包	钱包	钱包	

面包	面包	面包	
包子	包子	包子	
泡	泡	泡	
泡菜	泡菜	泡菜	

49 冫

冷	冷	冷	
冷冻	冷冻	冷冻	
凉	凉	凉	
凉快	凉快	凉快	
冬天	冬天	冬天	

50 氵=水

水	水	水	

果汁	果汁	果汁	
清楚	清楚	清楚	
污染	污染	污染	
染色	染色	染色	
染发	染发	染发	
传染	传染	传染	
起源	起源	起源	
游泳	游泳	游泳	
湿润	湿润	湿润	
满	满	满	
充满	充满	充满	
滑	滑	滑	

滑冰	滑冰	滑冰	
滑雪	滑雪	滑雪	
滑水	滑水	滑水	
洗澡	洗澡	洗澡	
洗手	洗手	洗手	
洗头	洗头	洗头	
洗脚	洗脚	洗脚	
洗碗	洗碗	洗碗	
洗车	洗车	洗车	
洗衣服	洗衣服	洗衣服	
加油	加油	加油	
加油站	加油站	加油站	

法	法	法	
看法	看法	看法	
想法	想法	想法	
说法	说法	说法	
做法	做法	做法	
方法	方法	方法	
办法	办法	办法	
书法	书法	书法	
法规	法规	法规	
法律	法律	法律	
沙漠	沙漠	沙漠	
沙子	沙子	沙子	

沙发	沙发	沙发	
酒	酒	酒	

51 酉

酒吧	酒吧	酒吧	
酒店	酒店	酒店	
啤酒	啤酒	啤酒	
红酒	红酒	红酒	
醋	醋	醋	
吃醋	吃醋	吃醋	
酸	酸	酸	
酱	酱	酱	
酱油	酱油	酱油	

辣椒酱	辣椒酱	辣椒酱	
发酵	发酵	发酵	
醉	醉	醉	
醒	醒	醒	
提醒	提醒	提醒	
吵醒	吵醒	吵醒	
叫醒	叫醒	叫醒	
睡醒	睡醒	睡醒	
医生	医生	医生	

52 谷

沐浴	沐浴	沐浴	
沐浴露	沐浴露	沐浴露	

风俗	风俗	风俗	
收容	收容	收容	
容易	容易	容易	
容貌	容貌	容貌	
笑容	笑容	笑容	

53 宀

安静	安静	安静	
安排	安排	安排	
安全	安全	安全	
安慰	安慰	安慰	
安装	安装	安装	

图案	图案	图案	
方案	方案	方案	
答案	答案	答案	
宴会	宴会	宴会	
宿舍	宿舍	宿舍	
缩短	缩短	缩短	
宠物	宠物	宠物	
顾客	顾客	顾客	
客厅	客厅	客厅	
事实	事实	事实	
实话	实话	实话	

实际	实际	实际	
实在	实在	实在	
实践	实践	实践	
实现	实现	实现	
实验	实验	实验	
实用	实用	实用	

54 穴

空	空	空	
空间	空间	空间	
空姐	空姐	空姐	
空气	空气	空气	

空调	空调	空调	

55 氣=气

生气	生气	生气	
小气	小气	小气	
天气	天气	天气	
气候	气候	气候	
气氛	气氛	气氛	
运气	运气	运气	
客气	客气	客气	
汽车	汽车	汽车	
汽油	汽油	汽油	

56 占

占	占	占	
点	点	点	
点菜	点菜	点菜	
战争	战争	战争	
站	站	站	
地铁站	地铁站	地铁站	
火车站	火车站	火车站	
车站	车站	车站	
网站	网站	网站	
商店	商店	商店	
书店	书店	书店	

饭店	饭店	饭店	
鞋店	鞋店	鞋店	
花店	花店	花店	
手机店	手机店	手机店	
面包店	面包店	面包店	
咖啡店	咖啡店	咖啡店	
火锅店	火锅店	火锅店	
服装店	服装店	服装店	
免税店	免税店	免税店	
文具店	文具店	文具店	
玩具店	玩具店	玩具店	
家具店	家具店	家具店	

57 缶

陶瓷	陶瓷	陶瓷	
陶醉	陶醉	陶醉	
掏	掏	掏	
葡萄	葡萄	葡萄	
缺点	缺点	缺点	

58 皿

盆	盆	盆	
花盆	花盆	花盆	
盘子	盘子	盘子	
血	血	血	
血型	血型	血型	

血糖	血糖	血糖	
血管	血管	血管	

59 刀=刂

分	分	分	
部分	部分	部分	
面粉	面粉	面粉	
花粉	花粉	花粉	
贫困	贫困	贫困	
切	切	切	
一切	一切	一切	
剪刀	剪刀	剪刀	
剪发	剪发	剪发	

忍	忍	忍	
班长	班长	班长	
上班	上班	上班	
下班	下班	下班	
加班	加班	加班	
换班	换班	换班	
雕刻	雕刻	雕刻	
一刻	一刻	一刻	
排列	排列	排列	
列举	列举	列举	
例如	例如	例如	

60 戈

我	我	我	
找	找	找	
成功	成功	成功	
成分	成分	成分	
成人	成人	成人	
成就	成就	成就	
成就感	成就感	成就感	
成语	成语	成语	
成长	成长	成长	
长城	长城	长城	
诚实	诚实	诚实	

丰盛	丰盛	丰盛	

61 歹=歺

死	死	死	
死亡	死亡	死亡	
忘	忘	忘	
忙	忙	忙	
列车	列车	列车	
热烈	热烈	热烈	
强烈	强烈	强烈	
激烈	激烈	激烈	
分裂	分裂	分裂	
例子	例子	例子	

殉葬	殉葬	殉葬	
残疾	残疾	残疾	
残忍	残忍	残忍	
特殊	特殊	特殊	

62 尸

尸体	尸体	尸体	
尿	尿	尿	
糖尿病	糖尿病	糖尿病	
屎	屎	屎	
耳屎	耳屎	耳屎	
眼屎	眼屎	眼屎	
屋子	屋子	屋子	

同屋	同屋	同屋	
居住	居住	居住	

63 疒

生病	生病	生病	
病人	病人	病人	
病房	病房	病房	
病情	病情	病情	
毛病	毛病	毛病	
病毒	病毒	病毒	
瘦	瘦	瘦	
疾病	疾病	疾病	

疾患	疾患	疾患	
癌症	癌症	癌症	
症状	症状	症状	
肺癌	肺癌	肺癌	
肝癌	肝癌	肝癌	
胃癌	胃癌	胃癌	
痛	痛	痛	
痛苦	痛苦	痛苦	
疼	疼	疼	
疼爱	疼爱	疼爱	

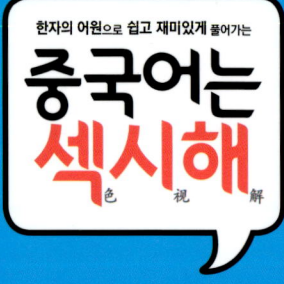

- 중국어 한자의 본색色을 보여주고視 그 뜻을 풀어주는解 중국어는 色視解~
- 꼬리에 꼬리를 무는 이미지 기억 연상법으로 중국어 단어를 쉽게 머릿속에 쏙쏙!
- 저자의 개성이 가득한 뇌가 섹시해지는 무료 인터넷 강의로 재미있게!